人工影响天气的行政法规制

——以服务型政府的法治建构为视角

廖 原 著

吉林大学出版社

·长春·

图书在版编目（CIP）数据

人工影响天气的行政法规制：以服务型政府的法治
建构为视角 / 廖原著 .—长春：吉林大学出版社，2019.9
ISBN 978-7-5692-5605-5

Ⅰ .①人… Ⅱ .①廖… Ⅲ .①人工影响天气－行政法
－研究－中国 Ⅳ .① D922.104

中国版本图书馆 CIP 数据核字 (2019) 第 206576 号

书　　名	人工影响天气的行政法规制——以服务型政府的法治建构为视角 RENGONG YINGXIANG TIANQI DE XINGZHENGFA GUIZHI ——YI FUWUXING ZHENGFU DE FAZHI JIANGOU WEI SHIJIAO
作　　者	廖　原　著
策划编辑	李承章
责任编辑	周　婷
责任校对	王　洋
装帧设计	云思博雅
出版发行	吉林大学出版社
社　　址	长春市人民大街 4059 号
邮政编码	130021
发行电话	0431－89580028/29/21
网　　址	http://www.jlup.com.cn
电子邮箱	jdcbs@jlu.edu.cn
印　　刷	三河市三佳印刷装订有限公司
开　　本	880 mm×1230 mm　　1/32
印　　张	6.5
字　　数	150 千字
版　　次	2019 年 9 月第 1 版
印　　次	2021 年 7 月第 2 次
书　　号	ISBN 978-7-5692-5605-5
定　　价	58.00 元

序

　　这一本学术专著是我指导的博士后廖原在其博士后出站报告的基础上修改而成的。与廖原博士初次相识是在 2010 年 3 月。当时我的同事上官丕亮教授和我说有一个中南财经政法大学宪法学与行政法学专业毕业的博士想要跟我做博士后研究。很快廖原博士也给我发了电子邮件，介绍了他的情况和意愿，我随即回复了邮件，表示欢迎他加入苏州大学王健法学院博士后流动站进行博士后研究工作。2010 年 5 月，王健法学院要举行博士后招收的面试，记得面试是在下午进行。上午在我的办公室第一次见到了廖原博士，言谈之间了解到他是广西南宁人，2009 年从中南财经政法大学博士毕业后就在广西政法管理干部学院法律系担任法学教师，主要从事宪法学与行政法学专业课程的教学工作。因其学校为成人专科学校，学校以教学为主，为了进一步提升自己的学术能力，想通过博士后研究的方式促进自身的学术成长。当时我也问起他如果进入博士后流动站后，研究的方向是什么，廖原博士便和我讲起他想研究人工影响天气的行政法规制问题，并想以目前中央所倡导的构建服务型政府这一目标作为研究的背景。入站之后，廖原博士表现出优秀的科研创新精神和突出的独立从事科研工作的能力，在核心及普通期刊公开发表22篇论文，其中1篇还被人大复印资料全文收录，撰写学术专著1部，获得1项中国博士后科学基金资助项目。经过三年多的时间，按照他的研究计划较好地完成了博士后科研工作任务，并于2015年10月顺利通过答辩，出站。

当今社会，是一个快速发展的社会；当今时代，是一个大变革的时代。现代国家和政府被赋予促进社会和谐，以及增进民众福祉的神圣职责。政府只有不断革新才能保持和提高公共管理的品质，增强政府的治理能力。要实现国家治理体系和治理能力的现代化，归根结底在于制度建设。党的十八届四中全会通过了《中共中央关于全面推进依法治国若干重大问题的决定》（以下简称《决定》），《决定》提出了"建设中国特色社会主义法治体系，建设社会主义法治国家"的总目标，勾勒出了法治中国的蓝图。法律是治国之重器，法治是治国理政的基本方式。为实现现代国家和政府为民众谋福祉之目的，发挥现代行政对社会的全方位调整作用，行政的方式发生了改变，除了传统的体现浓重权力色彩的行政处罚、行政强制等行政方式继续发挥其维持社会秩序的作用以外，行政指导、行政协议、行政计划、行政咨询、行政给付等新型行政行为方式逐渐成为政府行使社会管理职能的重要方式。行政法治的理论探索与实践必须要紧跟新时代的要求。近现代宪法将公民权利保障与国家权力制约作为其立宪的基石，这也为政府走向服务行政模式确定了发展的基本方向。鉴于我国行政生态环境的复杂性，其必须要紧密结合国情融合多种行政的要素进行改革。在此背景下的服务型政府必须运用新型行政行为以完成新行政模式下的多种行政任务。这些新型行政行为与传统行政行为相比，总体呈现出行为作用体系变迁、行为主体多元化、行为依据灵活化、行为方式多样化、行为效力层次化、行为目的明晰化、救济途径非典型性化的特征。在这些行为特征基础上继续体系化研究新型行政行为，重构行政行为理论，已成为行政法的时代课题。

　　廖原博士的研究是基于我国人工影响天气作业日益普遍，其规模已居世界各国之首，但与此所不相适应的是对这一行为所产生或可能产生的法律问题的研究很少，从行政法的角度来探讨由人工影响天气所引发的行政法律问题的研究成果也不多。理论研究与实践需求之间存在着严重的脱节，使人工影响天气行为引发的法律争议无法通过有效的法治机制顺利解决。其研究基于人工影响天气行为与行政法之间的重要关联，立足于行政法学的视角，主要围绕着对人工影响天气行为与服务型政府之间的法律逻辑关系这一关键问题的论证展开，运用规范分析与价值预设的方法，以人工影响天气行为的行政法定位为主线，探讨行政法治与人工影响天气的互动，最后落脚于对以给付行政为主要职能的服务型政府的法治实现机制的理论探索。在我国现有的技术条件下，人工影响天气的实施目标在于利用科技手段，合理开发和利用水资源，从而减轻或避免气象灾害。对于可能发生或正在发生的气象灾害进行有效的干预，是政府作为公共管理者所应有的权力与责任。政府基于生存照顾职责而实施的人工影响天气活动，其本身就是行政方式的新类型。廖原博士认为人工影响天气行为是具体的行政行为，应属于由行政法所规制的行为之列，随后对人工影响天气行为进行了行政法属性的分析，并认为其在性质上应属于行政给付行为的范畴。

廖原博士的著作主题新颖，将服务型政府与人工影响天气结合起来进行研究，论题既切合当前行政法学的热点，又体现了行政法学研究的前沿，对促进行政法学研究的深入以及法治政府建设进程具有理论意义和实用价值。当然，作为一项前沿性研究，尚有值得推敲之处，例如人工影响天气行为定性为行政给付行为是否合适？在服务型政府背景之下如何对权力进行规制？对人工影响天气行为如何进行司法控制？这些问题，还需要作者在以后的研究中予以厘清。

作为廖原博士的博士后合作导师，看着他从青年学者成长为法学教授，并且在广西参与了大量的地方立法实践，成为广西壮族自治区人大常委会立法专家。这些年，虽然见面不多，但是在网络上，在微信中也能体会到他成长的艰辛，分享他的成功的喜悦，当廖原博士请我为他的新书作序时，我欣然接受，愿廖原博士在学术事业上勇攀新高、更上层楼。

是为序。

黄学贤

2019 年春于苏州

目　录

导　论

当今时代，气候变化对人类生活的影响日趋紧密，而人类也不得不面对气候变化的严峻考验。胡锦涛同志在 2009 年 9 月 22 日的联合国气候变化峰会上指出："应对气候变化，实现可持续发展，是摆在我们面前一项紧迫而又长期的任务"。人工影响天气则是在应对气候变化时，人类利用高科技的能动性创造有利于人类生产、生活天气的一种活动。

在我国现有的技术条件下，人工影响天气所针对的对象主要是以雨、雪、冰雹、雾气、霜等以不同形态存在的水资源，其实施目标在于利用科技手段合理开发和利用水资源，从而减轻或避免气象灾害。除了针对传统天气活动之外，近年来，雾霾天气在全国蔓延，面对由于人类活动而形成的新型常态化的恶劣天气，如何发挥人工影响天气的作用也正成为当下需要研究的课题。中共中央总书记习近平同志多次强调生态环境保护的重要性，他指出："大自然是一个相互依存、相互影响的系统。""要以提高环境质量为核心，以解决损害群众健康的突出环境问题为重点，坚持预防为主、综合治理，强化大气、水、土壤等污染防治。""全球气候治理，中国因素不可或缺。"① 有效利用气候资源，对于可能发生或正在发生的气象灾害进行有效的干预，是政府作为公共管理者向社会提供的公共产品，也是政府应履行的职权与职责，其对于防治生态环境的污染有着积极的作用。政府基于生存照顾职责而实施的人工影响天气活动，其本身就是一种较为典型的行政行为，属于由行政法所规制的行为之列。

目前我国人工影响天气作业规模已居世界各国之首，但与此不相适应的是对这一行为所产生或可能产生的法律问题的研究很少。2008 年 11 月 7 日，温家宝在应对气候变化技术开发与转让高级别研讨会上指出，"气候变化是国际社会普遍关心的重大全球性问题，事关人类的生存环境和各国的繁荣发展。"

我国的历届国家领导人均在国际性高级别会议上强调了政府对于气候变化问题的应对责任。气候问题是涉及人类生存与发展的重要问题，从一个国家而言，必须要建立起保障气候资源有效利用的制度规范和制度保障。从整体而言，对于一国的治理，法治是基础性的制度架构，从法治的根基来看是宪法。对气候的治理，其法治根基同样是宪法。从法的部门来看，宪法与行政法的关系密切，而实现对人权的尊重与保障的重要途径便是行政法的实施。因此必须要把人工影

---

① 中共中央宣传部：《习近平总书记系列重要讲话读本》，学习出版社、人民出版社 2016 年版，第 236，238，239 页。

响天气行为纳入宪法与行政法的制度框架中来进行探讨。然而令人遗憾的是，从宪法视域来讨论人工影响气候的成果非常之缺乏，从行政法的角度来研讨由人工影响天气所引发的行政法律问题的研究成果也较为罕见。

"要正确处理人类与自然的关系，还必须合理协调人与人之间在生态资源上的利益关系"，①2018 年的《中华人民共和国宪法修正案》（以下简称《宪法修正案》）把生态文明写入宪法序言，由此，宪法将对物质文明、政治文明、精神文明、社会文明、生态文明这五个文明协调发展起到基础性和引领性的作用，这也是同时需要通过行之有效的行政法制度予以调整的。生态文明建设的程度决定了人类生活的自然地理空间的状态，这是人与自然界和谐共生需要。在 2018 年《宪法修正案》中也纳入了推动构建人类命运共同体的目标。这是从国家制度层面向世界各国显现了大国的担当，生态系统不是哪一个国家可以独有的，全世界是一个人类生活的共同圈，任何一个国家的生态系统出了问题，将会影响到其他国家的生态环境。我国的生态文明建设好了，既利国利民，也是对世界人民的巨大贡献。

从目前的情况看，针对人工影响天气法律问题的理论研究与实践需求之间存在着严重的脱节，使人工影响天气行为引发的法律争议难以通过有效的法治机制顺利解决。基于气候与人类生活的密切性已直接涉及人类的生存和发展，因而人类对于气候的反作用必须要科学、严谨，经得起合法性与

① 王雨辰、陈富国：《习近平的生态文明思想及其重要意义》，《武汉大学学报（人文社会科学版）》2017 年第 4 期。

合理性的考验。由此，我们必须在宪法的整体框架之下，讨论政府行为与人工影响天气之间的法律问题。人工影响天气行为与行政法之间有着重要关系，研究将立足于以宪法学和行政法学的视角，主要围绕人工影响天气行为与行政法治之间的关联展开。服务型政府是近年来我国由上至下所倡导的一种新型政府类型，政府类型的转变会涉及理念、行为模式、法律制度的跟进与配套。在行政法治的视野之下，人工影响天气行为与服务型政府之间的法律逻辑关系则是本书的核心，研究将围绕着这一关键问题展开，运用规范分析与价值预设的方法，以人工影响天气行为的行政法定位为主线，探讨行政法治与人工影响天气的互动关系，最后落脚于对以给付行政为主要职能的服务型政府的法治实现机制的理论探索。

一、研究意义

本研究具有理论与现实意义。

第一，理论意义在于，我国从 1958 年便开始进行人工影响天气的实践，于今已 60 多年，目前作业规模已居世界首位，人工影响天气的行为对于自然环境及人类活动的影响深远。然而从法律层面，以法学的视角来探讨这种行为模式的研究成果并不多见，尤其是以构建服务型政府为基点，通过公法学的范畴，以行政法学的视角来研究与探讨人工影响天气这一非常重要的服务行政行为的理论成果更少。行政行为是行政法学中极为重要的概念，行政法学的基本理论主要围绕着行政行为而展开，因为行政法的主要任务在于规制行政主体的行政行为，以保障行政行为的合法性和合理性。故本书将人工影响天气这一既普遍又特殊的行为纳入行政法学研究视角，有助于深化行政法学基础理论的研究，丰富和完善行政行为理论，进而丰富行政法学理论。

第二，其现实意义在于，就人工影响天气行为而言，其对于人们的生活、生产状态及秩序的影响是显而易见的，无论从人工影响天气的行为主体，还是行为的过程，以及行为的结果等因素看，都与公权力主体及公权力行为相关，因而将其纳入法治轨道进行规制是法治政府和服务行政的客观需要。我国正在构建以人为本的和谐社会，强调社会管理创新，人与自然和谐发展，无论是和谐社会还是社会管理创新，如不通过法治机制予以架构，将不具有稳定性和可预期性，改革与创新、发展都难以保证成效。党的十八届三中、四中全会强调改革与法治之间的逻辑关系应实现：立法与改革决策相衔接。服务型政府的建成，其根本要旨在于行政主体与行政主体之间，行政主体与行政相对人之间的良性互动，这种互动主要通过政府在行政行为中与行政相对人之间的权利义务关系，并通过法治机制的作用来形成。法治是保障公民有尊严生存的重要制度构架。人工影响天气行为在实践中引发了诸多法律问题，由于对该行为的法学理论研究的欠缺，导致缺乏具有针对性的法治解决机制，实践中发生的法律争议难以得到科学的法学理论的指导。因此将人工影响天气行为纳入公法学研究领域，对该行为进行法律属性定位，并将其融入服务型政府法治实现的背景之中，探讨人工影响天气的法制度构成与法制度完善，以及由该行为引发的权力与权利争议的法治解决机制，这对于我国构建法治政府与服务型政府的实践具有重要的理论指导价值。

从另一个方面看，现代国家和政府被赋予了给予民众生存照顾及福祉的神圣职责和应对时代挑战的能力，除了传统上体现浓重权力色彩的行政处罚、行政强制、行政许可等行政方式继续发挥维持社会秩序的作用以外，诸如人工影响天气行为等具有对民众予以生存照顾，极具给付行政特征与服务行政职能的公权力行为逐渐成为提升国家治理能力的重要行政方式，本研究既是法学理论对于现实的积极回应，也是作为行政法学研究者所应承担的社会责任。

二、国内外研究现状综述

在众多的著述中，涉及人工影响天气及服务型政府的文献不少，但从法学的视角研究此类问题的论著则不多，尤其是探讨人工影响天气行政法问题的成果就更为罕见。而就服务型政府的行政法学研究成果来说，相对于人工影响天气而言，则丰富得多，但将这两者结合起来进行探讨的著述，目前尚未得见。虽然人工影响天气活动在美国、加拿大等法治发达国家较早地进行了科学实践活动，并较早得到了立法确认，但目前也尚未见到专门研究人工影响天气行为的行政法外文论著。

王秀卫是至今为止最具代表性，专注于人工影响天气法律问题研究的一位学者，撰写了国内第一部专门探讨人工影响天气法律问题的著作《人工影响天气法律制度研究》[①]，作者基于学术背景的原因，主要是以环境法学的视角来探讨人工影响天气的法律问题，即如气候资源的法律属性研究，人工影响天气的正当性探讨，人工影响天气权利冲突及解决，

---

① 王秀卫：《人工影响天气法律制度研究》，北京：法律出版社 2010 年版。

人工影响天气致损的法律责任等问题，对于人工影响天气涉及行政法领域的问题则着墨不多，并未深入探讨，因此对于人工影响天气的公权力规制学术界还需要进一步探究。

与人工影响天气相关较具代表性的法学学术论文有：钱舟琳、李达的论文《人工降雨法律问题初探》[①]，文中提出对于人工降雨的法律规制应当将行为和对象所涉及的相关利益的协调作为重点问题予以充分、慎重的考虑。文中提出了"云雨权"作为一种私权利来抗辩人工降雨的公权力行使，有其理论的新颖性，但在如何通过对私权利的保障来贯通行政权的运行，让人工降雨这种人工影响天气行为能更好地体现出权利保障功能则是下一步的研究脉络。张勇在其撰写的论文《人工影响天气损害的法律救济与预防》[②]中指出，从法律角度，雨云是一种气候资源，具备"物"的要素，可以成为法律关系客体；人工影响天气是以公权力为依据的公法行为，其所造成的损害应仅限于非法作业导致的直接损害。在现实立法条件下，应当把人工影响天气损害救济的重点放在事前预防上，尤其是注重公共利益的保护，并强调应建立公众参与制度，包括公告制度、听证制度、异议制度，从而有效预防人工影响天气损害的发生。该论文涉及人工影响天气的行政法制度问题。从论点和论证看，作者主要着眼于讨论人工影响天气行为危险预防的制度方式，不是就人工影响天气的整体性行政法问题展开研究。邓海峰在论文《人工降雨法律

① 钱舟琳、李达：《人工降雨法律问题初探》，《江西师范大学学报（哲学社会科学版）》2005年第3期。
② 张勇：《人工影响天气损害的法律救济与预防》，《中国地质大学学报（社会科学版）》2010年第10期。

问题研究》[①] 中提出，人工降雨是人为影响气象变化的重要手段，也是环境资源法学研究应当关注的重要课题。人工降雨行为在性质上应当是以公权力为依据的公法行为，在实施过程中，则应以其所具有的"行为公益性"和"私权主体的不可控性"为基准，充分平衡不同利益主体的合理利益。论文中对于人工影响天气行为的法域归属进行了探究自然有其理论价值，但更完整、更深入地对人工影响天气的行政法制度进行研究更有助于法学理论和法学实践的交融。

　　以上文献在对人工影响天气进行法学探讨中存在着一定的共性，即大多是从环境法及私法的角度关注人工影响天气中的资源权属、侵权责任等问题，但毕竟人工影响天气行为关涉的法律问题是综合性的，而其中所涉及的行政法律问题是无可回避的。将人工影响天气与行政法制度联系在一起的研究成果中，梅雪峰的硕士论文《人工影响天气行为的行政法规制研究》（中国政法大学 2012 届）对人工影响天气行为的性质进行了分析，并以人工影响天气行为运行过程的环节进行一步步的分解，针对其中的行政行为进行探讨，提出要制定统一的"人工影响天气法"的建议。梅雪峰的研究已然触及了人工影响天气与服务行政之间的联系，当然他是从对人工影响天气的正当性论证而触及，而并非以服务型政府的视角来分析人工影响天气行为。服务型政府的实现是以政府行政行为的转型来体现的，这种体现会以行政的法律效果来进行。虽然学者之间对于人工影响天气行为属公法行为基本不存在分歧，但是却没有从公法的视野来整体进行研究，尽

[①] 邓海峰：《人工降雨法律问题研究》，《法商研究》2007 年第 5 期。

管是学术研究的遗憾，但也为本研究的开展提供了较广阔的空间，也使研究更具可行性及必要性。

　　服务型政府既是我国对于政府行政发展的定位，也是法治政府研究的范式，党的十九大提出要建设人民满意的服务型政府，这实际上是将人民满意作为服务型政府的建设标准。以法学视角来探讨服务型政府的著述较有代表性的有：莫于川教授等十一位学者合著的《柔性行政方式法治化研究：从建设法治政府、服务型政府的视角》①，书中提出应根据法治的要求进一步推动行政管理模式的改革，对柔性行政方式进行理论分析，并对当前中国正在发展的柔性行政方式进行了分类总结和探索。应该说，柔性行政行为方式是现代行政、给付行政、服务行政的重要体现，这与本研究的视角较为接近，虽然笔者认为人工影响天气行为并非完全属于柔性行政方式，其行为具有较强复合性，但该著作还是为本研究提供了很好的理论借鉴。汪自成所著《市场经济与政府规制论服务型政府的合法性》② 提出了服务型政府的合法性问题，并从权源与目标、行为与制度、发展与和谐等三个方面讨论了服务型政府价值正义性、制度正当性、工具有效性的问题，并就此提出服务型政府的合法化路径选择。中国法学会行政法学研究会 2008 年曾以"服务型政府与行政法"为题召开了学术年会，众多行政法学者从不同视角来讨论服务型政府及政府行为方式、程序的行政法问题，夯实了服务型政府的行政法学理论

----

① 莫于川等：《柔性行政方式法治化研究：从建设法治政府、服务型政府的视角》，厦门：厦门大学出版社 2011 年版。
② 汪自成：《市场经济与政府规制论服务型政府的合法性》，长春：吉林大学出版社 2009 年版。

研究基础。

以法学视角探讨服务型政府较具有代表性的法学论文有：张书克在《"服务行政"理论批判》①一文中即针对德国行政法学者厄斯特·福斯多夫提出的服务行政理论的缺失进行了批判，指出厄斯特·福斯多夫所构建的服务型政府理论需要解决服务行政的范围、服务型政府的权力制约、行政效率低下以及如何在服务行政中引入市场竞争机制的问题。这些问题的提出有助于本书研究服务行政背景下人工影响天气权力的行为模式及权力架构的规制。罗文燕教授在《服务型政府与行政法转型——基于"善治"理念的行政法》②一文中指出服务型政府之服务内涵包括作为服务之核心的"生存照顾"、基于生存前提下的个人发展和借用私法的方式履行服务职能三个层次。可以通过对"依法行政"原则重新解释来为服务方式的多样性提供合法性依据。全面建设服务型政府，行政法需要从给付行政、参与行政和透明行政等三个方面实现观念和制度之转型，以确保政府能够在提供服务的过程中实现"善治"。姜明安教授在《加强对服务型政府建设的理论研究》③一文中强调了要注意服务型政府与有限政府的关系，服务型政府与公民社会的关系，服务与规制，服务与法治之间的关系。李清伟在《论服务型政府的法治理念与制度构建》④一文中，

---

① 张书克：《"服务行政"理论批判》，《行政法学研究》2002 年第 2 期。
② 罗文燕：《服务型政府与行政法转型———基于"善治"理念的行政法》，《法商研究》2009 年第 2 期。
③ 姜明安：《加强对服务型政府建设的理论研究》，姜明安主编：《行政法论丛（第 13 卷）》，北京：法律出版社 2011 年版。
④ 李清伟：《论服务型政府的法治理念与制度构建》，《中国法学》2008 年第 2 期。

从政府规制与服务型政府的契合出发，强调服务型政府应当有相应的法治理念，呼唤开放的、公开的治理模式和公众参与制度。贺荣在《我国转型社会中服务型政府法治化研究》[①]一文中指出，服务型政府的法治化应该坚持合法性、公平性、公开性、民主性、连续性、适应性原则，我国应该立足于国情和时代特征，处理好中央与地方、政府与市场、政府与社会、服务与管制的关系。同时，司法应该对服务型政府法治化作出积极回应。服务型政府法治化是涉及制度建设的系统问题，贺荣提出司法应对服务型政府法治建设作出回应，也提示了在对服务型政府实现的法治机制研究中，应当采用系统分析的研究方法，加强对于制度背景、制度互动关系的理论探索，最终需要在法治的运行中加强司法对于服务型政府建构的制度作用。

对服务型政府的讨论，集中于公共管理学、政治学、行政法学领域。从实际的研究成果来看，公共管理学与政治学对于此问题的专题探讨显然比行政法学界要更为热烈一些，而行政法学界对于服务型政府的探讨更多的是从整体上宏观论证，这容易导致问题意识的淡薄和学术研究的成果过于理论化，难以被实践所吸收。国务院颁布的《全面推进依法行政实施纲要》将政府职能归结为"经济调节、市场监管、社会管理和公共服务"四项，可见提供公共服务职能，建构法治政府与服务型政府的建设是一体两面的。因此，如何回应社会需求和政府自身的发展目标，结合服务行政中的具体行

---

① 贺荣：《我国转型社会中服务型政府法治化研究》，《行政法学研究》2010年第4期。

为来对服务型政府的实现进行论证，是时代赋予行政法学者的担当。本书即是通过对以上所介绍研究成果的综合思考，立足于以问题为导向，以一种较为特殊的行为——人工影响天气作为主线，与服务型政府的法治建设进行统合考量的探讨。

三、研究可能创新之处

本项研究可能潜在的创新点有：前沿性、独创性、研究方法的综合性。

第一，本研究的选题具有前沿性。基于人工影响天气其行为本身所赋有的技术性特征的影响，目前以法学角度来探讨人工影响天气的著述较少，而专门以公法学视角，以行政法学的研究方法来探讨人工影响天气问题的专门科研成果尚不多见，在浩如烟海的研究成果中，本研究在行政法学领域属于较为前沿性的研究。

第二，本研究的选题及研究内容具有一定的独创性。目前的研究不仅仅是就人工影响天气的法律问题来展开，而是加上了服务型政府的法治化问题的注脚，本研究将这两个问题结合起来进行研究，统筹兼顾，视角新颖，问题意识较为突出，既切合当前行政法学的热点，又体现了行政法学研究的前沿。

第三，本研究具有多学科结合，研究方法综合性的特点。从研究的主要方法而言，本研究从公法学的视角出发，主要采用了宪法学与行政法学的研究理路，并结合其他法学研究方法。从目前对于人工影响天气的法学研究进路来看，以环境法学居主要地位，而本研究的主题是以人工影响天气的法律规制为问题源，落脚于服务型政府的法治实现机制。人工影响天气行为本身所涉及的法律问题不仅仅体现在行政法之中，也涉及环境法、宪法、民法。因此，在研究中借鉴环境法学、宪法学、法理学、民法学的研究方法展开颇为必要。除法学方法之外，基于对于服务型政府的研究成果大多集中于公共管理学、政治学、行政学等领域，本研究不可避免地要借助公共管理、政治学等学科的理论分析工具，由此增加了问题的分析角度和方法，有助于提炼和形成新的研究观点，既突出中心，又体现法学研究包容并进的特征。

四、采取的研究方法、技术路线

本书采用的研究方法有以下几种。

1. 价值预设分析法。立足价值判断角度，阐述服务型政府的应然状态，实施人工影响天气行为的价值取向与目标追求能符合人们的生存与发展需要，也契合于人们对于服务型政府的理想、愿望和追求。

2. 法规范分析法。通过对我国宪法及人工影响天气的法规范分析，归纳出宪法对于服务型政府职能及职责的预设模型，分析人工影响天气行为的行政法属性、行政行为类型以及其与服务行政、给付行政之间的法律逻辑关系，探讨人工影响天气行为的行政法规制。

3. 实证分析法。运用实证素材，以案例及统计数据等资料分析我国人工影响天气的实施状况，指出其不足，探究其完善的法治路径与方法。

4. 历史分析法。将人工影响天气的法律规制与服务型政府的建设问题置于一定的历史发展阶段进行考察，以发展的眼光进行评价。

5. 系统分析法。将人工影响天气行为置于服务型政府的建设这个系统之中，研究对其予以法律规制的路径与方法，探索服务型政府的法治实现机制。

通过多种方法的有机结合与有效运用，以期使本研究得出合理可信的结论。

技术路线上，本书分三个层次依次展开研究。

首先，以我国宪法及其他国家宪法对于政府的功能预设为蓝本，进行法规范分析，在比较中归纳出宪法对于服务型政府的职能及职责的设计模型，并以此来分析论证服务型政府与人工影响天气之间的法律逻辑关系。通过宪法中所赋予国家及政府对于自然资源的管理和合理利用的职权，推导出国家职能机关对于大气资源的合法利用的职权及职责，将对于天气资源合理的开发与利用定位于国家与政府对人权保障，民众生存照顾之责任的履行。

其次，通过对于我国及国外相关国家有关人工影响天气的法制度进行分析，借助于公共行政与行政法的基本理论分析工具，来探讨人工影响天气行为的行政法定位，以及人工影响天气与服务行政、给付行政之间的法律逻辑关系。

最后，通过对我国国家层面及地方层面有关人工影响天气实践运作情况的分析，探讨人工影响天气在法制与法治上的不足，并以此为切入点，基于人工影响天气的价值取向上与服务型政府构建之间的契合，通过对人工影响天气的行政法治机制的完善的理论探讨来推进服务型政府法治实现的策略。

第一章　人工影响天气行为动因
——服务型政府的建构基础

　　人工影响天气行为是一项气象技术行为，法学不研究科学技术，但是法治必须规范科学技术的开发、应用。科学技术如何应用就如同菜刀一样，既可以切菜也可以用来伤人。作为民众而言，自然是希望科学技术能够造福于自身，也希望政府等公权力国家组织的权力运用是为民众谋福利的。那么服务型政府如何通过法治予以体现？人工影响天气行为与服务型政府的构建有何关联？进而言之，人工影响天气需要怎样的法治机制来保障其行为性质的服务性、其行为过程的正当性，其行为本身的合法性？影响天气行为的目的性和目标性与服务型政府的建设之间如果是属于同构的关系，那么我们就需要先梳理政府的服务性的逻辑起点。对于这一系列问题的存在以及试图从理论层面对问题本身的解答，既是本研究存在的合理性所在，也是本研究的必要性所在，更是本研究所肩负的历史使命。从理论上解决这一系列的问题，需要回答为什么我们需要服务型政府，服务型政府与法治之间的逻辑关联，由服务型政府所引发的行政法的理念、方式、方法，政府行为模式的发展方向。服务型政府必然需要提供服务型行为，公众需要什么样的服务行为，这不仅需要通过交互的方式来获取双方之间的信息，更需要互动来实现服务供给与服务消费的链接，并且需要有制度来加以保障这种新型的国家、社会与公民之间的关系。并由此可以证成服务型政府的服务对象决定了服务型行为应遵循的法治原理。

一、人工影响天气的行为动因与国家公共服务功能演进

改革开放 40 年来，我国的政府行为模式也在随着时代的发展进行着调整，在党的十八大报告中明确提出要继续深入推进"政企分开、政资分开、政事分开、政社分开，建设职能科学、结构优化、廉洁高效、人民满意的服务型政府"。这也说明我国的服务型政府构建处于正在进行时当中。如何进一步建构好能够满足我国公民生存与发展需求的服务型政府，是理论与实践中一个需要进一步解决的问题。

（一）人工影响天气行为动因

现代政治文明的发展对于政府提出了更高的要求：一方面是希望政府能提供更多、更为有效率的公共产品；另一方面社会组织与公民希望政府的行为是可预期的，是遵守普遍规则的。政府应如何满足公民对于公共产品的需求，并通过政府的活动来增进公共福祉，是政治学、行政学与公共管理学所共同关注的课题。在当代行政法学的研究主旨中，更为关注的是如何通过法治来把

控政府的权力行为，面向公众，提供安全、公平、公正和良好秩序的制度安排，合法行使公共权力、利用公共资源、处理公共事务、提供公共物品与公共服务、满足公共需求并承担公共责任，让中国公民能在良好的生态环境下安全、秩序和有尊严地生活。人工影响天气是人类几千年来的梦想，古代神话传说中的风、雨、雷、电都成了天宫的专有职能，有专任神仙司职。在传说中，凡人通过努力可以修仙得道也都能有呼风唤雨的神力。而今，人类在一定程度上已经实现了对天气这种自然现象的人工影响，尤其是中国这样一个农业大国，基本上得看天吃饭，气候因素一直制约着农业的发展。我国的文学经典名著《三国演义》中讲述了脍炙人口的故事——诸葛亮巧借东风，实际上所谓的"借东风"并非神术或魔法，而是诸葛亮充分利用了他所掌握的气象预测知识。尽管这只是小说中的一个故事，却在一定程度上反映了我国古代对于气象知识及气象资源的利用能力。人类影响天气活动尽管技术上并不完全成熟，但在我国却能得到普遍的开展，原因和理由只有一个：就是现实的迫切需要。尤其是较为常见的人工降雨、降雪行为就是因为随着我国社会的不断进步和经济的持续发展，原本就存在的水资源匮乏问题变得日益严重。正是基于对水资源的需求，各地非常需要通过影响天气的活动来增加水资源的利用，减少各种气象灾害，造福于人类。从这个视角观察，人工影响天气行为是一种典型的服务型行为，也成为我国政府的一项体现其服务职能的重要行为。

国民经济和社会发展规划是在一定时期内对国家政府履行职责的确定目标和要求。我国的国民经济和社会发展"十三五"规划纲要中对于影响气候行为做出了规划要求。

在第三十章"建设现代能源体系"中提出，在坚持生态优先的前提下，支持和鼓励风能与太阳能发电。在第三十一章"强化水安全保障"中也强调了科学开展人工影响天气活动，第四十六章"积极应对全球气候变化"中承诺了降低碳的排放与在气候的全球治理中作出自己的贡献。由此国家所提供的公共服务产品中包括了对气候资源进行有效利用和对天气活动进行人工影响的内容。

（二）国家公共服务功能演进

国家作为人类文明发展过程中形成一定规模地域的共同体之后，出现的组织结构由来已久，源远流长。以马克思主义国家理论对于国家和政府的分析来看，国家的出现源自人类社会阶级的产生与划分，并依托于优势阶级的统治而存在。辩证唯物主义理论中阐释国家并不是从来就有，也不会永远存在，国家将随着阶级的消亡而消逝。当然，基于社会演变的长期性，而人只能生活在当下，仅能体验人类历史长河中的一小片段。尽管如此，这并不妨碍我们对于人类共同生存与发展、共同生活的共同体国家的权力结构配置与政府类型的探讨。国家作为一种统治或者说是治理的组织依托和政治构造，在人类的发展史中处于不可或缺的地位，并发挥着难以替代的功能。国家存在的理由可以解释为人类生活需要一种调配公共体系建构的组织对人类自我生存发展给予保障。从实证主义的视角解读，在资源没有划定权属，资源配置没有统一规则时会导致资源开发行为的无序性和对资源使用的纷争，引发众多纠纷产生，社会秩序处于混乱状态，需要一种超越一定社会团体、组织和个人的权威存在，以处理这些矛盾。可见国家组织体的生成与建构是和人类生活秩序的自身要求紧密联系的。

在国家的建构与人类精神文明的发展中，形成了诸多关于国家产生的必要性与合法性的理论，较为有影响力的莫过于社会契约论。卢梭的社会契约论提出一种理论假设，即人是生而自由和平等的，国家应当是自由的人民通过签订契约的方式构建而成的。尽管这种理论有一定的唯心主义成分，但它是从与君权神授相反的一种视角来解释国家这一政治实体的起源，即便在理论构想上有其建立的虚拟性，但也为近现代资产阶级争取国家政权的革命提供了理论支持，对近现代国家政治制度的构建产生了积极的引导功能，也充分体现了先进的理念在国家发展过程中的重要作用。同时，社会契约论也为近现代国家的代议制政体提供了理论支持。古希腊与古罗马的小城邦国家也曾产生过原始形态的民意制政权组织形式，由城邦的公民来议决城邦的大事，尽管其公民的构成并非全民，民主的范围有着较大的局限性，但也为人类的国家构建提供了研究样板。人是有精神追求的动物，生存的需求并不能仅仅停留于吃饱穿暖，民主与自由成了近现代国家的国民争取的主要生活价值。如果国家的形态不能契合于国民的需求，无法给本国国民以必要的生存保障和权利供应，那么，不稳定将成为国家的常态。

柯林·海伊（Colin Stewart Hay）教授是英国知名的新生代左派政治理论家，他指出："就再政治化和引起对国家作用的关注而言，当前的危机语境是再好不过的一个时机了。全球经济危机让我们想到，不能依赖私人机构和市场机制提供公共商品（如金融、环境、健康安全）。它还让我们想到，我们应当依赖和继续珍视这些公共商品。简单地说，我们已经依赖私人机构提供集体的公共商品，但我们已经开始认识到：这似乎是不明智的和短视的。所以，现在，我们承认市场不能提供这些公共商品后，我们应当重新回到政治和国家。我们觉得我们有权利要求提供这些商品，但是，我们所赖以提供这些商品的个人或机构却没有义务（可能也没有能力）提供。于是，我们自然而然地把目光转向作为提供这些公共商品的最后手段保证的国家。"① 海伊教授的观点强调了国家的重要功能，提供公共产品。国家提供公共产品的范围及手段在不同性质的国家和不同形态的国家之间是有差异的，而确定其公共产品范围的大小，如果按照马克思主义国家理论来看，取决于其统治阶级的根基。纵观世界各国的历史发展，有一个共通的定律，就是执政者会为自己的统治权寻找一个合法性依据，当然此种合法性更确切地说应该是一种价值的正当性解释。由此古代国家出现了所谓君权神授之说，君主将其权力来源诡谲于神的意志体现。将国家的合法性寄托于人之上的神，这是将国家权力根基置于倒金字塔形中"倚天而不靠地"，此种类型的国家政权要稳固必须靠蒙化臣民，强化国家机器。从历史的经验来看，这样的国家合法性支撑力不足，尽管刚性十足，但是"头重脚轻"，终究难以长久维系。卢梭说过："人民之所以要有首领，乃是为了保护自己的自由，而不是为了使自己受奴役，这是无可争辩的事实，同时也是全部政治法的基本准则。"②

---

① 张亮：《马克思主义国家理论及其当代发展——柯林·海伊教授访谈录》，《学海》2011 年 2 期，第 141—145 页。
② 卢梭：《论人类不平等的起源和基础》，李常山译，商务印书馆 1962 年版，第 132 页。

　　近现代国家的发展中出现了以政党、社团组织来代表一定利益群体的政治现象。政党制度的兴起，国家政权由君主享有转变为以政党为基础的党内精英掌握，此时的国家合法性则随之以国家政权的代表性来支撑，并通过制度化的方式来建构国家运转的模式，近现代民主与法治制度则应运而生。

　　国家其实只是一种抽象理论化的称谓，真正以国家名义进行活动的实质是一国的政府，就如同我们说中国与美国建交，而进行签约、协商的只能是两国的政府，因此可以说，我们所感受到的国家的一举一动都是政府的举动。国家的合法性，也就只能是政府的合法性，"政党政治为现代政府的运作提供了合法性途径和基础。在实行政党制度的国家，政府由在选举中获胜的党或党派联盟组成，当赢得竞选的政党根据选举结果获得权力时，它就必须对治理的后果负责。"① 发端于西方国家的政党有较为明确的代表性，有其政治宗旨，并且大部分依托于选举获胜而掌控国家政权，它们在进行执政时必须要通过各种政策及手段来获取民意，以便其政权的稳固。"以德国为例，1880 年代俾斯麦（Otto von Bismarck）便推动了强制性社会保险，主要的保险对象是劳动者，有特定职业类别限制的涵盖范围，与现今社会保险制度以全体国民为保障对象的理念有实质上的差距；其实可以将俾斯麦之社会保险视为一种高度的政治产物，因为它的背后存在一个期望，也就是希望能藉社会保险的实施以消弭来

---

① 艾理生：《政党政治对现代政府运作的影响》，《理论参考》2006 年第 8 期。

自劳工所支持的社会民主党的威胁。"① 这实际就是政党政治之下，政党为了可以持续执政，所采取的保障一定人群的权益的措施。在民主代议制运行之下，尽管制度的构建中宣扬的是以全民意志为行动的合法性根基，其并非真正实施满足于全体国民的制度设置。俾斯麦时期被视为是德国的福利国家模式的最早雏形。尽管政党政治有阶级利益与集团利益在其中推动，但是不能否认，在这种制度文明的发展下，政府为了获取民众的信任，得到支持，在消弭社会不平等现象、保障人民生活、重新合理分配资源改善生活环境上有了令人鼓舞的进步。并且，在权力结构较为均衡的设置基础上，权力获取的途径是通过一种选举的模式来授予的，而正是在这种权力根基下移的政治体制变革中，才能使服务型政府逐渐成型，并成为当今世界大部分国家政府改革与发展之方向。

二、国家宪法体制确立了服务型政府的法治基础

依据国家政治发展的逻辑路线，随着政党制的利益代表功能和国家政治权力的党派竞争，又演绎出了民意代表的议会制度，由政党代表利益集团、利益阶层提出利益诉求，进行国家执政权的竞争，要想在国家中赢得支持，不仅要维护政党所代表的利益集团的诉求，也不能不兼顾其他阶级、阶层的权益保护，如若不能求得更大多数民众的支持，竞选或连任的胜算是不足的。基于此，每一个欲意执掌国家政权的党派都需要出台范围更广、获益更多的政策，在资本主义国

---

① 吴佩真：《德国社会国发展之研究》，台湾南华大学欧洲研究所 2003 年硕士毕业论文。

家兴起时，人权的理论及主张应时而出。18世纪组成法国国民议会的代表即有此种观点：无视、遗忘或者蔑视人权是公众之不幸和政府腐败之唯一成因，因此必须将人权作为一国宪法中神圣而不可剥夺的核心。法国国民议会并于1789年制定了《人权宣言》，其中最为著名的论断即为：凡个人权利无切实保障和分权未确立的社会，就没有宪法。

宪法作为国家基本法的使命与功能定位自其产生至今并未发生过动摇，但其具体的价值取向却有着近代宪法及现代宪法的分野。林来梵教授对于近、现代宪法的基本价值原理进行了比较。

首先，在断代史上区分，近代宪法肇始于近代的西方市民革命之后，而现代宪法之衍生则在第一次世界大战，尤其是第二次世界大战之后，西方立宪国家宪法的转型。

其次，在基本的价值原理上近代宪法主要有三点核心价值支撑：其一是国民主权，这里的国民是与我国宪法中的"人民"含义相类似，人民作为国家主权主体，只是一种抽象、拟制的主体，通过代议制的形式，由代议机关来代表和代替抽象的全体国民行使国家权力和国家意志。其二为自由与平等。自由包含了三个重要结构，人身的自由、精神的自由和经济的自由，财产权成了整个自由价值中的内核。自由蕴含了现今国人津津乐道的人权和公民基本权利的价值雏形。近代意义宪法上的平等所强调的是机会的平等与均等，而缺乏实质性平等的保障。其三为权力分立与制衡。国家权力的配置是近代宪法所主要关注的焦点问题，基于对专制型制度形态的深恶痛绝，西方立宪国家对于国家的立法、行政与司法的三权分立成为权力结构类型，但完全按照三权分立进行国家权力建构的只有以美国为代表的少数国家，大部分国家实行的是议会中心主义的模式。

现代宪法是近代宪法的变迁，其趋势为将原来的国民主权向人民主权转变，这里的人民主权则是依据卢梭的人民概念。主权由抽象的拟制的国民的整体性概念转向具体的人民行使，人民是具体的国民，而非抽象的，不同于我国现行宪法中的人民概念的使用。这便从代议制的代表制，转向诸如半代表制、普选制，当然完全的直接民主制度在技术上还难以根本实现，因此成为代议制和直接民主制的结合。另一个方面的变迁是现代宪法阶段，社会权利逐渐兴起，从注重于个人权利为本向社会权利的保障迈进。这种趋势转化导致了近代宪法中的议会中心为主的国家权力结构模式向行政权逐渐扩张的"社会国家""福利国家"演进。①

这种趋势表明，近现代宪法将公民权利保障与国家权力制约作为其立宪的基石。我国以宪法来庄严宣誓：中华人民共和国一切权力属于人民。并在具体的条款中对公民的基本权利进行了确认，其中即体现出近现代宪法转型的重要特征"尊重和保障人权"。美国宪法是世界上最早的成文宪法，它以"我们的人民"作为其宪法的名义制定者，由此提出了一个时代命题，在立宪国家中政府的合法性根基是保障人权、公民权。国家权力应以保障人权及公民权，给国家中的民众提供其生存与发展的依托，并将保障民主、民权、民生作为其政府权限的界度和运行方向。尽管从各国的宪法实践来看，

---

① 参见林来梵：《从宪法规范到规范宪法：规范宪法学的一种前言》，法律出版社 2001 年版，第 22—24 页。

公民权利保障的实效性并非尽善尽美，然而，"这告诉我们：公民与权利是密不可分的，没有权利就没有公民；同样，现代社会是公民的联合，没有公民就没有现代国家。公民是主权的真正享有者，国家权力说到底是治权，治权当向主权者——公民负责。"[①] 由此可见，宪法为现代政府运作的法治机制提供了框架，其机制运行的轨迹应当是政府向主权者负责，主权者的国家法定主体身份即为国家全体公民，公民们通过其对于政府合法性的认同来给国家机关的治权提供运作的保障，这种认同所面向的不仅是国家行政机关，还包括了国家权力机关与国家司法机关。

服务型政府并非与宪法同步产生，但是现代宪法的立意已将人权的保障作为终极目标。这意味着尽管国家、社会与公民的追求有可能会存在着差异，但是人权的价值核心实际上为他们的追求指明了方向，也成为公民诉求于国家与社会的一个根本依据。从西方国家的宪法实施状态来看，公民权利的内涵与外延，都是随着民众对自身权益的不断争取与斗争而获得并不断扩展的。从逻辑路径来看，服务型政府的构建是国家为了遵循宪法的价值导向指引的应有之义。

德国行政法学者厄斯特·福斯多夫为服务型政府做出了突出的理论贡献，服务型政府的概念就是由他首先提出来的。从国家这种政治组织形式出现于人类社会之始，服务其实就成了国家运行的宗旨，但是服务的面向则随着国家性质的转型而有着很大的差异。从面向于特定的阶级、集团逐渐扩展，真正的服务型政府则是随着资本主义国家社会经济的发展而

――――――――――

① 周永坤：《公民权利——有尊严的活着》，人民出版社 2010 年版，序言第 3 页。

逐渐成型的。社会的发展促使公民对政府提供的公共产品的质和量都提出了更高的要求，他们要求政府不仅仅要管理好社会公共事务，还要求政府提供更多、更好的服务。

很显然，我国的宪法制度的形成及政府构建受到了世界民主宪政潮流的影响，"自1949年成立中华人民共和国以来，我国始终坚持人民民主的基本立国原则。当然，人民民主的各种具体制度尚未健全，其中包括公共行政组织还没有完全受制于法治原则。行政组织法体系目前很不完善，行政部门未经法律授权以规章、命令、决定等形式自行设置机构和配置权力。显然，这在某种程度上损害了人民民主的原则。"① 在新中国成立之后，法治建设几经波折，并在"文革"中几乎毁之殆尽，经历了重建之重建的过程。

我国宪法所搭建的国家权力结构形态，一定程度上借鉴了西方国家政治制度建构的经验，但并未完全照搬。从大致框架来看，宪法所确立的人民民主的立国基准是以人民代表大会制度来予以体现的。人民这个概念所包含的意义并不仅仅是一种人的集合概念，其中还意味着政治立场的问题，通过概念的确立来证成我国政府及政权的政治合法性的依据。国家权力在宪法制度中是有着相对明确的分配，国家权力的行使者是国家设立的从中央到地方的各个国家机关。逻辑上是人民拥有权力，而不直接行使权力，国家机关受人民的委托行使这份权力，但是需要受到人民监督。这也便是人民代表大会制度在政治上的合法性依据。从现实主义的立场看，人民主权应当是具有一国的特定法律地位和身份的生物体意

---

① 沈岿：《公法变迁与合法性》，法律出版社2010年版，第31页。

义上的人，在共同的政治、经济、文化、社会生活中的一种有效参与活动。因此在政治上强调"人民"的同时，必须在我国的制度构建上真正确立起保障公民基本权利的实践模式。并且由于我国目前的人民民主的各种具体制度还未健全，民众与政府之间的交流途径并不完全畅通，在此前提下，过于强调政治合法性已无太大实际功能，反而会让民众对政府行为更为不满。在现行宪法已实施了 37 年的今天，随着法治理念及法律知识的逐渐普及，社会公众更为关注的是自身权利的保障和政府行为的合法性、正当性等问题，也就是十九大报告中所提出来的"获得感"。

2004 年的宪法修正案加入"国家尊重和保障人权"的表述，意义十分重大，这说明我国执政者的理念已然从强调政府执政的政治合法性向着建构法理合法性转变。当下，我国正处于法治建设期，目前宪法和相关法律中所确立的制度规范在具体的实践中还未能得到充分的落实。包括法治政府及服务型政府的构建，仍处于进行时中。而此时，应当将法治型与服务型政府的构建相结合。建构法治政府就必须回归法治轨道，需要我们回归到法规范主义的立场，以法制化路径向法治化迈进，这也是要求对国家的治理必须回归到宪法框架中来进行国家制度建设。

"独立的、不依附于任何其他个人或团体的'个人'是被'权利'建构的结果，只有这样的'个人'才能被完整地整合入国家。这种'权利'不是理论上的'自然权利'，而是实实在在受到最高权威直接保护的权利。而国家只有保护个人，才能使自己成为最充分意义上的国家。"①

三、服务型政府与法治政府之间的逻辑关联

（一）没有法治的支撑服务缺乏实际的保障

毛泽东同志在新中国成立之前就曾经提出过"为人民服务"的命题，并且在回答民主人士黄炎培"兴亡周期律"的质疑时非常有信心地指出，民主是防止周期律继续的良方。然而，美好的愿望和理想不会自然而然地变成现实，缺乏了制度的刚性，美好的构想失去了实践支撑，随之而来的政治运动，十年"文革"证明，权力与权利的滥用带来的并不是民主与幸福。这充分说明服务型政府与法治必须要紧密地结合起来。新中国成立之后若干年我国之所以没有建设成为富强、民主、文明的共和国，其原因就在于没有重视法制建设。"邓小平在总结过去的教训时指出：'斯大林严重破坏社会主义法制，毛泽东同志就说过，这样的事件在英、法、美这样的西方国家不可能发生。他虽然认识到这一点，但是由于没有在实际上解决领导制度问题以及其他一些原因，仍然导致了'文化大革命'的十年浩劫。这个教训是极其深刻的。'由此出发，邓小平得出了'没有民主就没有社会主义，就没有社会主义的现代化'和'还是要靠法制，搞法制靠得住些'、'从全局来说，是加强法制'的结论。"②

（二）服务型政府与法治政府的关系

法治行政已成为各国对于政府行为的基本要求，服务型

---

① 杨利敏：《亨利二世司法改革的国家构建意义》，《比较法研究》2012 年第 4 期。
② 沈志先：《邓小平法制思想论略》，《政治与法律》2004 年第 6 期。

政府与法治政府之间是否能直接画上等号？历史的经验告诉我们：不能。虽然不能等同，但是法治政府与服务型政府之间是有着密切联系的，所以服务型政府与法治政府的建设是需要相互结合的。

西方国家政府所走的路径是先建构起法治国家，服务型国家是在法治国家的基础之上的政府模式转型。因此无论是较早时期的"夜警"国家，还是从肇始于20世纪下半叶的政府行政改革浪潮，再到现今的服务型国家模式建构，其基础都是法治国家。

法治国一词先是由德语创造出来，其内涵不仅仅意味着治理国家需要依靠"法"作为工具，而是要更深层次地对法本身的目的进行把握，从实质意义上的法治国而言，其内涵是要求所有的国家权力都受到法律及法的拘束。法治国的重心朝向是人民内在权利的保障及正义的实现。[①] 权利的保障与正义的实现是法治政府的逻辑前提，近代西方国家经历了资产阶级革命，其中的行政法治思想及制度建构针对封建专制的统治时期国家权力的庞大及滥用而设计了权力制约与监督机制。

"行政法的最初目的就是要保证政府权力在法律的范围内行使，防止政府滥用权力，以保护公民。"[②] 作为资产阶级建国之时的行政法治观念是不干扰、不干预社会自治和公民自治，政府所需要承担的是税收及国家安全等责任。基于时

---

① 参见陈新民：《法治国家论》，学林文化事业有限公司2001年版，第3—4页。
② ［英］威廉·韦德：《行政法》，徐炳等译，中国大百科全书出版社1997年版，第5页。

代的发展及人民需求的提升，同样基于保障人民权利的需要，政府将自身模式调整为"现代国家不能再满足于消极地不侵害个人的自由和权利，而是应当积极地为社会公众服务，以便最大限度地满足现代社会的要求。"① 服务型政府的建设经历了一个较长的演变及改革的过程，是一种历史发展的必然规律。政府的转型是社会、经济发展过程中的必须。

国家应向社会及公民提供由社会组织、市场体制、机制难以提供的社会性服务。应该说人工影响天气这一种涉及较多利益调配和较大影响的行为，它既会让不特定的人享受到边际效益，又会让不特定的人遭受一定的利益损害，是公共利益调整的行为。就目前而言，并不适合由市场机制来解决，由其他组织或者个人来操作。

（三）我国服务型政府与法治政府之间的关系走向

我国从建立人民民主专政政权开始，面临的是国家政治与经济制度的重新建构，此时由于新政权始建未久，需要国家对社会方面面进行较为严格的控制，集中资源进行建设，由此发展成为管理型（管制型）政府模式。"1978 年之前我们拥有一个无所不能的'全能政府'，国家居高临下地全面管制个人的一切活动，结果是窒息了社会的活力。改革开放之后，因经济发展的需要，政府必须从原有的治理领域全面后撤，将'地盘'让与市场机制来调控。而政府的职能重心应当转移到为社会提供服务。"② 在 20 世纪 80 年代末经济建

① 关保英：《行政法思想史》，中国政法大学出版社 2008 年版，第 500 页。
② 罗文燕：《服务型政府与行政法转型———基于"善治"理念的行政法》，《法商研究》2009 年第 2 期。

设与改革开放初见成效之后，尤其是 20 世纪 90 年代随着市场经济体制的确立，政府从严格控制社会资源与自然资源而转向主要以宏观调控为主的职能大变革时期，虽然至今为止我国仍处于转型期，但政府的模式从管理型向服务型演进成为国家与社会的共识。服务型政府的法制运行机制与管理型政府是不同的，"而且，现实中制度和机制总是处于变迁之中，特别是在制度创新，经济、社会转型时期更是如此，用单一的机制既无法解释，更不能解决转型发展中的许多问题。"①

在这场政府转型的改革中，国家更为强调以市场作为主要分配资源的机制建构，虽然理论上对于政府的权力应当进一步撤出社会与市场并没有太多争议，然而到了实践中，政府规模却在循环往复中曲折发展，可以概括为膨胀—精简—再膨胀—再精简。近年来，随着大部制的推行，政府部门的精简看似有了一定的效果，而实际上效果并不十分明显，有人无事做、有事无人做的情况在政府部门仍旧存在。理论与实践产生了一定的矛盾，理论上大多是提倡建设小政府大社会的声音，而行政部门在进行管理时又过多地倚重于行政方式，实际维持着大政府小社会的旧模式。

可见我国目前的政府转型并不彻底，仍远远未能达至适应市场体制的新型政府。尤其是法治作为调配资源，化解矛盾的制度功能还未能完全得以实现，行政手段成为目前政府管理社会与市场的长效工具和手段，建设法治政府的任务依然艰巨。政府的规模无论是大是小，必须把握好三点：一是，

---

① 王大敏：《行政法制约激励机制研究》，中国人民公安大学出版社 2010 年版，第 31 页。

要能提供足够的服务；二是，要能够提供有效的社会、经济管制；三是，国民能承受得起政府的规模。政府规模过于膨大，民众难以支撑，人浮于事；政府规模过小，难以承担起公共服务职能。政府规模应当引入竞争激励机制，改变政府行政效率低下缓慢的格局。我国的最高决策层已经清醒地认识到目前服务型政府建设的瓶颈，2004 年 3 月国务院出台的《全面推进依法行政实施纲要》明确提出，要经过十年左右坚持不懈的努力，基本实现建设法治政府的目标。党的十八大报告中第一次提出了要到 2020 年基本建成法治政府的时间表。实际上真正实现法治政府的目标，我国的法治建设仍然是任重而道远的，服务型政府的建设有赖于其基础工程法治政府建设的进展，二者之间是相辅相成的。

我国的法治政府与服务型政府的建设是可以同时进行的，法治理念中是可以加入服务元素的。服务型政府与传统的管理型政府在理念上有着较大区别，管理型政府更强调秩序的控制，服务型政府则注重于生存给付的提供。福斯多夫在论证服务行政之演变时提到，"例如，现代人不比住在田庄之人可以取用自家之井水，而是必须依靠公共之自来水设施供给生活用水，亦即依靠一个公行政设施之功能作为生活之资，此为其一例。"[1]此事例所要说明的是服务行政就其本质而言，是一种政府向社会、特定或不特定的群体提供的一种服务或生活必需产品，并且是个人与社会之力难以获取的生存需要的产品。

有学者提出了对福斯多夫服务行政概念的质疑，"如何

---

[1] 陈新民：《公法学札记》，法律出版社 2010 年版，第 45 页。

清晰界定'服务行政'的范围？也就是说，政府应该向民众提供哪些生存照顾？还有，由政府提供这些服务是否是有效率的？服务行政的理论是否构成了对自由法治的威胁？二者能否兼容？如何兼容？应该承认，这些都是很大的问题，实际上涉及到市场和政府的分工，以及政府职能和个人自由的关系。"①实际上这些疑问涉及的就是服务型政府的构建的基础，明晰权力范围和服务种类方式，就是要求政府依法行政，从而达至法治政府。没有法治政府作为基础，服务行政是难以有清晰的范围的，也没有对民众生存照顾责任的法治规范，服务行政有可能只是一种噱头，而非真实的型构。在中共中央、国务院印发的《法治政府建设实施纲要（2015—2020 年）》中对政府职能发展的目标设定，其中提到四个分开：政企、政资、政事、政社，简政放权、放管结合、优化服务，政府与市场、社会的关系要基本理顺，政府的重点职责在于宏观调控、市场监管、社会管理、公共服务、环境保护。该纲要从一定程度上回答了对福斯多夫服务行政概念的质疑，服务型政府并非统管一切，职责不清，不受制约的。

（四）服务型政府与法治政府的联结——以人工影响天气切入

对于服务型政府建设的研究目前的成果是颇多的，也不缺乏从法治视角，具体到以宪法、行政法视角对服务型政府的解读。研究视野的广阔虽有助于我们从整体上把握服务与政府之间的逻辑，但切入则过宽，有空泛之嫌。学术研究的逻辑起点与终点都应关注于实践真问题。之所以强调真问题，

① 张书克：《"服务行政"理论批判》，《行政法学研究》2002 年第 2 期。

是因为有一些研究中所谓的问题并没有真正在现实中发生或基本没有发生的可能，只是一种想象出来的问题。

本研究立足于通过探讨在以人工影响气候的行为切入服务型政府的建设如何与有效的法治实现机制联结起来，以法治机制的实施来促成政府的转型，真正以服务为导向，以民生为中心，以民权为法治机制的促发器，将政府治理与民众自治为双边同向的运作机理，以国家对民众的生存照顾职责为法治实现机制的逻辑起点，对目前我国普遍采用的人工影响天气这种行为进行研究。

选择这个视角的原因在于我国近年来的自然灾害愈发频繁，所造成的人身伤亡及财产损失的情况日趋严重。我国的国土面积辽阔，自然环境及条件较为复杂，也是世界上受到自然灾害影响最为严重的国家之一。从统计资料看，70%以上的自然灾害属于气象灾害，尤其是全球气候变暖的大环境之下，我国的气象灾害愈发呈现出突发性强、种类多、强度大、频率高等特点。局部地区极端天气严重，如极端高温、低温或者强台风、大暴雨、持续干旱等发生的次数及频率明显上升。尤其是目前新型灾害天气——雾霾对我国的影响正日趋严重。

极端天气带来的不仅仅是对人民群众生命财产安全的严重危害，也给我国的经济、社会以及可持续发展带来很大挑战。统计资料显示，21世纪以来，由于气象灾害导致我国年平均死亡人数约2000人左右，所造成的经济损失约占当年国内生产总值的1%~3%。2008年气象灾害所造成的直接经济损失就达3100多亿元，因为年初的冰冻灾害所造成的损失就已达

1590 多亿元。①

人工影响天气问题是一个在构建服务型政府与法治政府中非常具有典型性的问题，既蕴含了政府对人民生存照顾的传统服务行政诉求，又赋予了新的内涵。福斯多夫在解释生存照顾这一国家职责的重要性时讲道，"任何一个国家为了维持国家稳定，都必须提供人民生存之照顾。国家唯有提供生存照顾，确保国民的生存基础，方可免于颠覆之命运。"② 当然仅仅是生存照顾并不能体现出服务行政的范式，因为国家之本来职责就是要给民众以生存照顾的，即便是在国家处于夜警模式、管制模式时期，基于生存照顾之下政府对于公共产品的给付，其实一直存在，"专制行政状态下，行政给付的首要目的是要维护专制统治的，将给付作为一种恩赐或'治民之道'。而现代行政的目的则在于保障人的尊严与发展等基本权利的实现，促进和谐秩序的实现也是其当然的功能与目标。"③

服务行政与生存照顾的内涵发展是随着国家或地区中人权保障体系的确立与发展逐渐扩展的，人之为人，其最重要的权利应当是生存权，因为人的生命存在是其一切权利的基础。在国家经济状态极端落后，社会发展极端不平衡之下，政府最为重要的职能当然是保障国民的生存。随着国家社会经济文化等各项事业的进步以及政治制度的完善，公民的生

① 国务院法制办公室、中国气象局：《气象灾害防御条例释义》，中国法制出版社 2010 年版，第 3 页。
② 陈新民：《公法学札记》，法律出版社 2010 年版，第 46 页。
③ 廖原：《服务行政下行政给付内涵的分析》，《武汉冶金管理干部学院学报》2009 年第 3 期。

存方式有了多种选择时，生存与发展则成为共同的主题。在国务院新闻办公室发表的《2009 年中国人权事业的进展》白皮书中将人民的生存权与发展权概括为以下几个方面：

1. 居民生活条件继续得到改善；

2. 国家加大扶持力度，促进农业发展、农村建设和农民增收；

3. 国家高度重视改善贫困人口的生产生活条件；

4. 国家完善公共卫生体系，提高人民的健康水平；

5. 国家加强安全生产法制建设和监管工作。

这些方面都是我国政府在长期的国家经济建设中逐渐加大的对于国民提供的公共产品，是政府服务的面向及成果体现。人工影响天气对于我国国民的权利保障的意义是重大的。如前所述，我国频繁的气象灾害，将会直接威胁居民的生活条件、国家的农业发展和农民的生活状态、加重贫困人口的贫困程度，或是让本已脱贫的人口因灾害返贫。气象灾害也直接危及国家和社会的正常秩序，威胁安全生产。由此可见，人工影响天气活动是国家通过现已掌握的技术来改善气候条件，保障公民生存条件，这与服务型政府建设有着必然的联系。

正如我国政府所发布的人权白皮书所强调的，中国是一个拥有 13 亿人口的发展中大国。由于发展不足和发展不平衡，中国的人权状况还存在着一些不如人意的地方。中国政府也正在采取有力措施推动科学发展、促进社会和谐，为实现社会更加公正和谐，人民生活更有尊严、更加幸福而努力。要实现服务型政府的服务职能，必须要强化政府的职责，建立职能科学、权责法定、执法严明、公开公正、廉洁高效、守法诚信的法治政府。法治政府与服务型政府并不是两种不同形态的政府形式，而是在法治成为治理国家的路径之后，法治国家的法治所蕴含的价值取向。在服务型政府建设的众多措施之中，法治实现机制则是在依法治国的时代背景之下需要着重构建的。人工影响天气这一特定行为如何与服务型政府的法治实现相结合，让其真正实现以保障人的生存与发展为根本宗旨的服务行政行为，则是本书需要讨论的问题。

四、服务型政府下人工影响天气的法治机制框架

服务型政府是现代宪法发展中对于政府运行模式的客观要求，也是民众对于政府的期待。应当说，服务型政府是一种理念与制度相融合的结果。即如人工影响天气，是否就必须在服务型政府中才能出现？如果这个预判成立，我们也不必去论证这个问题，恰恰是这种行为是技术性行为，在任何模式的政府范式中，只要当时的技术可以达到，就会出现这样的行为。然而政府的价值取向决定了采取技术性行为的目的，管制型政府采用人工影响天气技术其目标是为了秩序的稳定，民众利益的福祉是映射效应而非直接目的。服务型政府背景之下的服务行政行为模式是属于一种新范式的行政行为，其法治底线与行为标准是保障公民权利，公民对于服务型政府的认同是其运行的根基，法治则是对于政府服务导向的规制以及对公民权利的保障。法治运行需要由其特定的机制予以落实，本研究所研讨的核心概念即是法治实现机制，因此对于法治机制的构造原理及其运作特性是研究中的关键性问题，也是本研究的理论基础，需要将法治机制融入人工影响天气这一特定的行为类型中，进一步进行分析。

（一）服务型政府法治机制的支撑

作为服务型政府法治机制框架所需要的支撑点有以下几个。

1. 制度。现有的制度或即将建立的制度需要的是以政府服务行政为主要行为模式。在服务型政府的法治实现机制中需要对人工影响天气行为提供各种有针对性的服务行为制度模式。

2. 运行模式。服务型政府需要的是服务到位，行为简便，极大地减轻公众的生活、工作、交往、参与管理等重要活动的成本，这不仅需要制度的规范，还需要加以技术的支持，电子政务模式在服务型政府的框架中起着催化剂以及润滑剂的功能。人工影响天气则是更多地涉及技术应用一类的行为，其不仅需要气象学提供技术领域的支撑，更需要法治机制与技术结合，让技术在法治下发挥起至关重要的作用。

3. 机制的运作。机制要得到运作，必然需要各种机制要素的排列，结构、次序及其相互间合理的构成，以及各要素之间的逻辑关联。这种机制要素的合理配置需要与制度相结合，如官僚体制的有效运行需要的就是立法对于组织活动的规范，以及行政的科层体制对行政活动进行理性化的调节与规制。人工影响天气的实施在制度上需要建立的有决策机制、实施机制、防范突发事件机制、因人工影响天气造成人身财产损害的补偿机制。

可以说，只有在有效的机制运作下才能真正实现现代宪法将"法治"与"人权"相互结合的制度效果。人工影响天气行为需要实现其服务功能，在制度设置上也必须融入国家尊重和保障人权的宪法目标。

（二）法治机制的内涵

机制这一概念被学者广泛使用，然而在使用这一概念时对其含义进行解释的并不是很多，如若不能正确认识机制的内涵，在实践操作中就难以把握好机制的运行规律，无法发挥机制的有效作用。"从词义上考察，机制一词是英语mechanism 的意译。在《牛津词典》中，机制的词义是指机械装置或机体的'结构'和'共同作用'。按照最新修订的《新华词典》的解释，机制一词原指'机器的构造和工作原理'，后用来'借指有机体各部分的构造、功能、特性及其相互联系和互相作用等'。《现代汉语词典》及其他中文词典对机制的词义作了更加广泛的解释，指出机制一词现在常被用来泛指事物之间'有机联系'和'相互作用'。"[1] 在机制的原始含义中即包涵了一种动态效果，无论是机械器具的使用，还是各种组织的运行，其中都蕴含了机制的运作功效在内。

在机制概念的使用上，往往会和制度混用，实际上，制度与机制是不同层面的两个概念。"世界上任何地方，人们只要想在一起生活和工作，社会制度就必然存在。我们在处理社会生活各个方面之时，将各种社会制度创造出来，包括从最简单的一直到最复杂的各种制度。"[2] 制度是人类社会有序生活所必需的，它既是人类文明的产物，也是保卫和维护人类文明的需要，具有刚性的特点。制度的直接体现是管理人与人之间关系的规则。规则具有静态属性，只有在适用规

---

① 沈荣华：《政府机制》，国家行政学院出版社，2003 年，第 2 页。

② [美]杰克·奈特：《制度与社会冲突》，周伟林译，上海人民出版社 2009 年版，第 1 页。

则时才会形成动态。由此可见，制度与机制在形态上是不同的，一个是静态概念，一个动态概念。要让规则具有动起来的能量需要把握好规则设定的因素：一个是规则中所设定的是需要保障和遵守的内容；另一个是需要设计为保障规则内容得以落实而制定可运行的措施，即如制裁或执行措施；还有就是，当规则不明确时，需要一个规范来设定一种阐明措施，以便于规则的实施。机制强调的是事物之间的联系与相互间的作用，制度强调的是定规立制，通过建立规则来指导、规范和制约人们的行为。

法治是一个复合型概念，其中有静态的法律制度，也有动态的法律制度运行，即如立法、司法和执法就是法治的动态运行，还有更深层次的法治理念进行指导。法治机制是依靠法治的整体制度构造与法治各元素之间的结构相互影响与作用，而形成一种循环，类似于机械的运动原理，由此推动法治这列火车沿着规则和原则这一轨道，向着既定的目标运行的这样一种动态运作模式。

（三）人工影响天气行为的法治机制要素及运作方式

机制是如何产生动能推进目标达成的呢？这需要对机制更进一步地解析。首先需要认识机制的构成要素，对于机制当以何为要素，有这样一种认识："其一，机制是组织中主客观因素的有机统一。任何组织中最根本的主观因素就是组织中的人，而组织中最重要的客观因素就是制定和颁布的各种制度规则，只有这两者的有机结合才能够使组织有效地运行。仅从这一层意义上来看，也可以把'机制'这两个字进行构词的解剖，那就是'组织成员的动机与组织制度的规则'的有机统一。其二，机制是组织运行的内在支配力量。组织的运行需要多种力量的作用，大致可以划分为外在的作用和内在的作用，而从根本上来说，一切的作用最终都要通过内在的因素起作用。在组织运行中，内在的起支配作用的力量就是组织成员都具有响应相应规则而作出的行动选择，只有所有的组织成员都具有响应相应规则的动机，该组织才能真正形成这里所界定的机制，它主导了组织的运行和变化过程，这是组织最重要的并且是持续不断的发展动力。"①

此种认识的合理之处在于其将机制的主客观因素予以解构，并将机制划分为两个最基本的构成要素：人与规则。其实，制度的要素也同样是人与规则。学者宋功德就曾指出，"行政法是一种配置社会资源的机制。"② 这里是对整个法治体系中的行政部门法的功能的概括，行政法不仅是配置社会资源的机制，同时也是配置自然资源的机制。行政法自身就包含了行政法制度与行政法机制，尽管制度与机制之间原本的关系就很密切，但两者之间也确有不同。机制的因素又可以区分为外在与内在两个方面，有学者认为在内在因素中，组织成员都具备了响应规则的动机才能真正形成机制。组织成员能响应规则动机当然是机制运行的重要条件，但就法治机制而言，这种认识显然过于理想化，从现实的角度看，很难有所有人都能认同规则并响应规则的情况。如果人人都认同法治并服从法治，其实也就不需要法治了，就如同美国联邦党人麦迪逊所说的：如果人人都是天使，就不需要政府了。

① 孙选中：《服务型政府及其服务行政机制研究》，中国政法大学出版社 2009 年版，第 88 页。
② 宋功德：《寻找均衡——行政过程的博弈分析》，《中外法学》2002 年第 2 期。

如果天使统治人，就不需要对政府有任何外来的或内在的控制了。正是因为有着不服从和违反，法治的力量才能够彰显。法治是规则之治，是一种制度运作的模式，规则无疑是法治机制的重要构成。然而法治机制中组织成员的服从的确是机制发挥作用的合理性因素，这一点毋庸置疑，因为如果规则不能得到大多数人的服从，或者与大多数人的意愿相违背，则难以发生效果。如在苏联和美国都曾经以立法形式来禁酒，尤其是美国是通过颁布其宪法第 18 条修正案来要求美国全国禁酒的，然而最后这些法律规则都不得不被迫废止，就是因为这样的法规则与大部分人的观念相冲突。正因为有了局部的不服从，法治才需要强制力去执行，而恰恰也是因为有了大部分的服从，法治也才能得到有效执行。

尽管法治已成为全球共识，但法治也只有在固定了自身的疆域之后才能发挥治理国家与社会的功效。因此，法治不是抽象的，即如在一国之中讲法治，则法治将适用于一国之中，并涉及该国的所有主权范围之内，即便有例外，那也只能是普遍规则之下的特殊规则适用，而并非法治的例外。进而再论，法治的前提是有规则可以遵循。人服从规则，动机则不可能同一，就算是组织体内的所有人都服从组织体的规则，也不是归咎于其动机的统一。但从其外在形式上看，的确有统一性，即均服从于这一规则。但服从的原因是具有多样性的，有自觉服从的，也有相当一部分是基于该规则设定了不服从规则的负面效果，而被迫服从，还有一部分人则因违反该规则而受到制裁而服从。因此从法治运行的规律而言，并不是所有的组织成员都响应规则才能形成所谓的机制，恰恰是机制能让那些不服从规则的人能够在机制的运作之下服从规则，或受到机制作用下的惩戒，才能在真正意义上形成法治机制运行的效果。这也是为什么要强调规则中保障要素的原因所在。

那么法治机制怎样才能运作起来呢？无可否认，机制的核心要素是人与规则，这同样是法治的核心要素，但机制的要素不能简单归结于人与规则，也不能仅依靠组织体内所有成员的服从。机制要形成并发挥作用，需要有外部环境因素和内在人的要素并配以规则，才能有效运行。外部环境与人的意识是机制的重要构成要素。

在现实生活中，我们有已经颁布实施的《道路交通安全法》，并且明确规定了违反规则的处理措施，然而，在没有电子警察监控或交通警察现场执法的情况之下，违反规则的行人与车辆难以计数。这可以说明一个问题，规则的实现不一定需要人的服从动机，有外在的严密监管同样可以让规则得以实现，尽管这样会增加法治的成本，但也是必需的，所以法治机制要得以实现，很大程度上是需要强制力来支撑的，这是一般机制与法治机制的不同之处。所以法治机制不能等待共同体内的所有成员都有共同服从的动机，而是不管成员有没有服从的动机都能通过机制的运作让规则的内容得以实现。当然，在设计机制时，为了实现法治目标，机制可以设计为激励性的和惩戒性的，双向互补。

"因此，行政法必须注意制度安排和机制设计问题，行政立法实际上就是一种不完全信息博弈下的机制设计，行政法制度安排应当有利于减少信息成本和激励制度参与者。一项现实有效和可执行的行政法制度，必然是能满足自愿参与原则和激励相容原则的。"[1] 广州市曾经出台过这样一个举措，就是鼓励市民利用手中的摄影、摄像工具抓拍交通违章行为，然后由交管局根据此影像来确证并进行处罚，对于抓拍者交管部门给予一定的奖励，此举激励了众多市民拿起手中的摄影摄像器材，拍摄了很多交通违法行为，对交通违法起到了一定的遏制作用。然而 2004 年 3 月，广州市的一起行政诉讼，让这种行为产生了合法性争议。广州交警根据群众拍摄供给的交通违章照片认定车主赖某有违章行为，对其处以 100 元罚款。但赖某则提出，行政违法行为证据的收集必须由执法机关进行，为此将广州市公安局告上法庭。同年 12 月广州市中院终审裁定，认为调查取证是行政执法机关行使处罚权的组成部分，不能委托公民行使；指出市民拍摄的违章照片只能作为赖某涉嫌违法的线索，而不能直接作为公安机关交通管理部门行政处罚的证据。[2] 该事例说明了法治机制的基础是法治依据，看似合理的治理交通违法机制，却因法治依据的欠缺而被迫告停，这说明了法治机制中规则的合法性是机制能发挥长期、稳定的治理效果的重要基础。法治机制中的制度供给涉及立法的问题，不可否认，人工影响天气目前有专门的立法，也有其他立法相配和，也已形成了从中央到地方的法体系，然而目前的体系可以说还不够完备，因人工影响天气造成的问题目前还不能完全在立法中找到处理的依据，这个问题将在后文中进行说明。

---

[1]　王大敏：《行政法制约激励机制研究》，中国人民公安大学出版社，第 33 页。
[2]　《广州鼓励市民抓拍交通违规行为引争议》，http://china.findlaw.cn/info/case/dqal/273066_4.html。

　　法治的要素同样需要在法治机制中发挥作用，"因为'机制'是观念、规则和方法在人们自觉行为过程中的统一，组织的变革既需要从观念层面改变人们的思想，也需要从制度层面改变相应的行为规则，但更重要的是使组织成员能够自觉在新观念的指导下按照相关的规则去行动，这样的一种过程就是形成了一种'机制'，也就是组织成员的自觉行动所形成的组织有序的运作过程。"①法的观念、法的规则与人们在规则指引下的行为形成了一种机制简单运作过程。我们面对自然界的威力除了慨叹之外，应当认识到，气象灾害尽管不为人所控制和支配，但目前的技术至少是可以产生一定程度的影响，另外在事前进行预防，事后进行救助，可以减少灾害所带给国家及人民的损害。因此如何在人力可为的前提条件下强化危机意识，防范意识，并建立常态化的预防气象灾害制度及在灾害发生后的紧急救援制度是至关重要的。在所有的制度建构中，法治观念的建构是最基础、最关键的。以下的事例能说明这个问题。

　　在2012年7月21日北京下了一场大雨，这场雨据称是北京61年来有完整气象记录的最大降雨，这场雨给北京市带来巨大灾害：城市多条道路被淹，发生了泥石流，房屋倒塌，还有77人不幸遇难。如此惨痛的灾害过后，居然有车主发现才被洪水淹泡过的汽车被贴上了违章停放的罚款单。②

　　这里有几个问题值得反思：

---

① 孙选中：《服务型政府及其服务行政机制研究》，中国政法大学出版社2009年版，第89页。
② 《2012年7月21日北京暴雨灾难过后的思考》，http://www.360doc.com/content/15/0513/13/19404719_470167373.shtml。

第一，从技术层面上看，人工影响天气作业是否能有效避免此种灾害？如果能，那么在如此巨大的暴雨来临之时，通过我们的影响天气技术将暴雨减缓和减小，其所带来的则是极大地避免了人员伤亡和财产损失。根据统计数据显示，北京因这场暴雨所遭受的损失超过百亿元，如果能避免如此重大的损失，那么人工影响天气的正当性则无须在理论上进行证成，实践需求就是最好的证明。

第二，从预防层面上看，灾害的发生至少反映出了地方政府在城市基础设施的建设上存在着较大的缺陷。城市基础建设的薄弱导致了暴雨所形成的积水无法及时排出。这已经不是个案了，我国各地的大中小城市中一旦遭遇暴雨或持续性强降雨都会出现城市低洼地区和相应路面被浸泡，成为泽国。这说明我国在城市基础设施规划与建设中缺乏全面综合性的考虑，预见性不足，城市化进程一味求快，却没有能在基础设施这一非常重要的公共产品提供上做足功夫。具有讽刺意味的是，有人给出的建议是下次如果再遇到如此大雨一定要往北京的老路上走，在那些道路上走反而没问题，而新建的道路下水道容易堵，很容易发生内涝。一个城市的整体规划及基础性设施的建设，难以由个人及其他企业或市场主体来承担，这应当是福斯多夫所言的政府承担的"生存照顾"职责范围。如果是一件产品或商品，出了质量问题可以替换，可以维修，而城市的整体基础设施却难以更换和改换。这也提醒了我们思考，法治建设如果不能在这些生存的基础问题上有所作为的话，那么法治政府的建设有多大的实际意义呢？这也说明了服务型政府的法治建设问题不是研究得太多，实际上是还有很多空白点需要实务界和学界继续努力研究。

　　第三，在如此重大的灾害之后，政府执法人员居然不是积极抢险救灾和灾后处置，而是急于向因被洪水浸泡无法启动的汽车贴处罚单。如若没有这场灾难，对乱停放机动车辆进行处罚自然是属于依法行政的范畴，然而基于不可抗拒的力量导致车辆不能行驶，这本身就是在执法中需要考量的因素，尽管这一行为最后被政府叫停，但也反映出了相当一部分基层执法人员不仅缺乏真正意义上的法治观念，也不具有服务行政的理念。以上问题告知我们，这既是制度设计出现的问题，同样也是政府的行政导向出了问题。

　　针对北京"7·21"的特大暴雨灾害，"北京航空航天大学教授吕卫锋表示，事实上城市的卫星数据、气象资料、通讯信息、摄像头等数据资源已经足够充分，当时如果能充分利用这些资源，有更好的信息沟通、共享机制，就能充分预警并在第一时间协调救灾资源，减少灾害损失。"①

　　法治机制必须融入法治理念，首先是所制定的规则中需要有理念的支撑，在规则中理念的统率作用体现理念融入法律之中成为法的基本原则，一个区域、一个国家中的成员是否具有法治理念和法治观念会影响到法治机制的实施，但是并不会导致机制失灵。但作为法治机制的主要参与者应当具备法治理念，从法治的三环节中，如立法直接背离法治的本质，规则不能体现良法的情况下，执法和司法并不一定就自然地体现出违背法治的状态和效果，因为法治意味着权力受制约和监督，立法出现的偏差问题，可以在执法和司法中得到纠正或一定程度的纠正。虽然会有一定的难度，但基于司法与行政裁量性的机制功

―――――――――

①　新玉言、李克：《大数据：政府治理新时代》，台海出版社 2016 年版，第 113 页。

能，仍然可以一定程度上予以弥补。并且从机构的设置而言，将立法、司法与执法机关相对应的予以分立设置，就是在法律制度上通过不同机关彼此之间的分工来进行调适。我国《宪法》第 140 条规定，"人民法院、人民检察院和公安机关办理刑事案件，应当分工负责，互相配合，互相制约，以保证准确有效地执行法律。"其实就是这种法治部门之间基于不同的分工而进行的配合与制约关系，这就是法治机制的自我调适功能的体现。然而，需要把握好的是，对于法治目标追求的确定性，才能很好地通过不同机构部门的分工来保持法治的平衡运行，因此可以使法治共同体具备法治观念是法治机制得以形成的关键所在。法治机制本身的功能不在于控制共同体所有成员或机构都不违法，而是只要出现了共同体成员或机构的违法行为，都能通过法治机制的作用而得到解决。从法治机制运行的直接效果来看，所要求的是行为的可控性，此种可控性是指行为以实现目标之间的对应关系。

通过上述分析可知，法治机制的基本结构要素为法治行为主体、法治理念、法治行为目标、法治行为规则。法治机制的实现方式是将要素融合起来，也可以说制度与机制之间的关系中，机制是运行中的、活的制度。

五、小结

从人们对于国家的形成、制度构建以及功能的理论预设到服务型政府构建的理论脉络看来，其基点都在于人对自身社会属性的认同以及人对于其自身自由追求的理想反射。然而自从国家这种政治组织构建成型之后，政府的组织构建因不同利益集团的交互，又会有其不同的价值诉求，形成了国家、社会以及公民之间的利益碰撞。

对于人工影响天气而言，其中即会体现出不同的行为类型。其中涉及的领域可以分为，政府的制度供给，如国家对于此种行为的立法；政府对于服务的提供以及对于提供的秩序规制；民众对于天气资源的不同需求。法治是人类在解决不同利益诉求中的一种有效的利益调和机制制度，其基本的方向是以国家宪法作为最根本的规则，法治作用力的效果受制于国家内政治力量的对比，社会分层的规模化以及民众法治观念的强弱。

制度类型的构建只是外在的，其受制于蕴含于制度之中的理论支撑，最终体现政治组织体核心观念的又是以宪法为制度的总体整合。因此我们观察政府模式是否为服务型政府的判断依据既要考虑宪法所架构的整体国家制度，又要考虑到国家的各项具体制度的落实的法律制度。行政法在实施宪法中的作用是至关重要的，本研究的寓意则在于通过对于我国的人工影响天气制度的观察来探讨服务型政府的制度预设、制度实施以及实施的效果。最终的目标则在于通过对制度的检讨，推动我国的行政法实施落实于服务型政府的服务内涵，以此通过理论的总结来指引法治政府完善的方向来实现宪法所确立的人权保障的价值内核，将服务型政府与法治政府的建设融合一体。

第二章 人工影响天气行为与服务型政府构建之间的法律逻辑关系

　　政治学理论强调"政府是满足公民公共需求和增进公共福利的组织，是面向大众的服务机构，是一种提供安全、秩序和公正的具有规模经济的制度安排，是一个经由人民同意合法掌握并行使公共权力、利用公共资源、处理公共事务、提供公共物品与公共服务、满足公共需求并承担公共责任的政治组织。人类建立政府，是为了安全、秩序和有尊严的生活。然而，并不是所有的政府都能够实现人们对它的期待。"①《礼记·礼运》中有云："大道之行也，天下为公。"古时习惯于将一国之领域称之为天下，"大道"意指治世的最高境界，整体而言就是说，依照治国最高标准来实施治理，其治理的

---

① 傅耕石：《服务型政府的构建：中国语境下的审视》，吉林大学 2007 届博士学位论文。

效果就是惠及整个国家的民众。从"天下为公"到"为人民服务"再到"执政为民",这些理念所体现出来的都是以服务为导向的政府构建方略。

在《现代汉语词典》中,将"服务"解释为,"为集体(或别人)的利益或为某种事业而工作。"[①] 作为政府及其工作部门,所面对的是公众,在处理政务时,又会使自身的决策、决定和行政处理针对特定的群体或个人,在整体与个体之间有着一个相对微妙的转换过程,这种微妙正如我国行政法学理论与实践中的抽象行政行为与具体行政行为之区分。抽象行政行为形成了对具体行政行为的指示、规范与指导。

一、宪法对于人工影响天气的原则要求与制度预设

为了全面建设服务型政府,国务院 2012 年颁布了《国家基本公共服务体系"十二五"规划》,在规划中提出基本公共服务是指建立在一定社会共识基础上,由政府主导提供的,与经济社会发展水平和阶段相适应,旨在保障全体公民生存和发展基本需求的公共服务。享有基本公共服务属于公民的权利,提供基本公共服务是政府的职责。尽管在其基本公共服务范围中并未明确将人工影响天气行为纳入体系之中,2017 年国务院印发的《"十三五"推进基本公共服务均等化规划》基本延续了"十二五"国家基本公共服务的体系,但

---

① 中国社会科学院语言研究所词典编辑室编:《现代汉语词典》,商务印书馆 2001 年版,第 386 页。

更突出了均等化的目标①，但是气候与公民生存环境的关系是不言而喻的。我国宪法强调了国家应防治污染和其他公害，对于塑造良好生活环境和生态环境负有职责。

公共服务体系越完备的政府显然越能凸显服务型政府的本质。对于怎样的政府才是最好的政府，不同的学科和不同的学者有着不同见解。政治家从政治权力的架构来设计权力之间的关系；管理者从政府的具体运行方式的选择来进行实践；法学家则需要从宪法的层面来思考与设计国家权力与政府职能的法治安排。我国的现行宪法已然实行了 30 多年，对于服务型政府概念的提出与宪法施行并不同步，对于建设法治国家的宪法诉求也是迟至 1999 年才通过对于宪法的修改而确立。要进一步明确人工影响天气的法治化方向，则需要在理论上厘清服务型政府与宪法之间的逻辑关系如何，这是法学研究者需要进行探寻的问题。

（一）服务型政府的宪法基础

我国的宪法由两大部分构成，一为序言，二为正文。这

---

① 在《国家基本公共服务体系"十二五"规划》中列出的公共服务体系一般包括保障基本民生需求的教育、就业、社会保障、医疗卫生、计划生育、住房保障、文化体育等领域的公共服务，广义上还包括与人民生活环境紧密关联的交通、通信、公用设施、环境保护等领域的公共服务，以及保障安全需要的公共安全、消费安全和国防安全等领域的公共服务。《国务院关于印发"十三五"推进基本公共服务均等化规划的通知》国发〔2017〕9 号文提出，国家基本公共服务制度紧扣以人为本，围绕从出生到死亡各个阶段和不同领域，以涵盖教育、劳动就业创业、社会保险、医疗卫生、社会服务、住房保障、文化体育等领域的基本公共服务清单为核心，以促进城乡、区域、人群基本公共服务均等化为主线，以各领域重点任务、保障措施为依托，以统筹协调、财力保障、人才建设、多元供给、监督评估等五大实施机制为支撑，是政府保障全民基本生存发展需求的制度性安排。

两部分的功能是有区分的，宪法序言主要是对于国家国体与政体的一种政治确认，对于公民基本权利和国家基本制度的规范则是正文的任务。

在我国的宪法序言中确定了爱国统一战线的范围，并确认了多党合作和政治协商的政治制度。爱国统一战线立足于各个阶层、界别和不同领域爱国人士的合作。合作的平台是求同存异，合作的目标是国富民强，要达至此等效果，就需要国家与政府模式转型。专制型国家权力设置没有这样的合作空间，由此表明了我国宪法所设计的政治权力架构是民主协商型。因此从逻辑上看，国家服务的对象应当是覆盖于爱国统一战线的全体构成。我国宪法对于国家的政治权力的配置上是分工配合的，执政党与各爱国组织各政党之间通过民主制度联系，共同进行国家建设。这是宪法从政治基调上确定了我国政府的服务对象的广泛性与国家政治权力运行的民主性，这种政治权力架构为政府从传统的管制型向服务型转变提供了宪法层面的权力体系方向上的指引，也意味着我国宪法所确立的人民民主的国家其本身的定位就应当成为服务型国家。

从宪法关系而言，凡处于宪法规范之中的机关、组织和个人都是宪法主体，"宪法关系主体是拥有权能的主体，公民的基本权利与义务，国家机关的职权和职责，是宪法关系的基本内容。人权、主权等也是宪法关系的内容。"[1] 宪法主体所涉及的宪法关系的内容可归结为权力与权利之间的关系。人权与公民权利在宪法的体系中是作为权力的运行终极

---

① 赵世义、汪进元:《宪法关系论纲》,《国家检察官学院学报》1996 年第 1 期。

目标，主权与人权及公民权利并不矛盾，但主权是经过整合化的以国家为主体的权力效果。国家的存在又以保障人权为终极目标，由此可见，主权实际上蕴含着人权保障的实际效果。在一个主权有欠缺的国家或地区，其公民权利与人权保障始终是有残缺的，我国清末长期存在的殖民地与半殖民地的历史，国民的生存状态即可证明这一点。国家权力运行需要遵循的规则应当是宪法与法律，而公民权利与人权受到国家的尊重和保护，实际上意味着国家权力所尊重和保护的对象即为权利的主体。法治的功能就是将权力与权利予以标准化和整合，因为散漫无际的权利和权力将会让权利边际极大地缩小而混乱不堪，导致武力与霸权成为权力的体现，这显然不是我们所期待的。作为人类政治文明的重大成果，宪法将在我国的人权及公民权利保障体系中发挥出越来越重要的作用。我国公民权利体系的建立以及人权保障条款的确立，也为我国向服务型国家发展奠定了宪法根基。在宪法关系中最基本的国家与公民之间的关系中，蕴含了国家进行人工影响天气行为时基于对于生态环境影响的考量，必须要考虑到宪法所确立的国家环境责任以及公民的基本权利的保障，尤其是平等权的体现。在资源分配与环境保护上，中央与地方各级政府的职责上虽有不同，但其根本目标应当是一致的。正如党的十九大报告中提到的，目前社会的主要矛盾在于：人民日益增长的美好生活需要和不平衡不充分的发展之间的矛盾。这也意味着新时代中国特色社会主义宪法实施的重点在于公民对于资源分配中平等权的保障。

（二）人工影响天气行为与宪法确立的经济制度之间的逻辑关联

我国宪法的一大特色即是在宪法条款中规定了国家基本经济制度、国家的经济体制等内容。著名宪法学者张千帆教授曾提出，现行宪法的主要问题在于规定了太多多余、含糊和难以实施的内容，尤其是宪法规定了大量的经济制度、公民的积极权利及其宪法义务等，而这些都不是宪法应该规定的事项。[①] 宪法应不应该规定经济制度这个问题值得商榷，然而，正如张千帆教授所言，我国宪法的确存在着规定的内容难以实施或实施不到位的问题，在经济制度之中尤为凸显。对于我国的经济制度，《宪法》第6条规定："中华人民共和国的社会主义经济制度的基础是生产资料的社会主义公有制，即全民所有制和劳动群众集体所有制。"既然是我国的经济制度的基础是公有制，尤其是全民所有，则意味国家中的资源所有公民均可拥有，然而对于每个公民都可拥有的生产资料应当如何去享有？在我国的宪法规范中非常的抽象而难以操作。《宪法》第9条第1款规定："矿藏、水流、森林、山岭、草原、荒地、滩涂等自然资源，都属于国家所有，即全民所有；由法律规定属于集体所有的森林和山岭、草原、荒地、滩涂除外。"

从法规范分析的方法来讨论，《宪法》第9条首先确定了自然资源的公有制：国有和集体所有。作为全民所有的资源理应服务和利用于全民，我国所确立的公有制经济基础实际上也即是服务型政府的宪法经济基础。然而尽管宪法确立

---

① 参见张千帆：《宪法不应该规定什么》，《华东政法学院学报》2005年第3期。

了我国的经济基础，我国的社会主义制度也决定了国家应当以全社会，以全体公民的利益服务为其工作的宗旨和核心，但是如何将经济资源、自然资源以及国民收入在全体公民中予以分配，或者如何转化为全民共享？《宪法》在其第 14 条的第 3 款规定了，"国家合理安排积累和消费，兼顾国家、集体和个人的利益，在发展生产的基础上，逐步改善人民的物质生活和文化生活"。2004 年的宪法修正案增加了第 4 款，"国家建立健全同经济发展水平相适应的社会保障制度"。我国目前存在着多种分配体制，国家机关、国有事业单位以及国有企业的分配方式均不尽相同，而非国有化的各种企业和组织很少能分配到国有资源，更多的是国家与地方给予的政策供给。然而作为全民所有的资源，其分配不能以身份上是否属于国有法人或组织来确定范围，所谓"全民"应当是指全体中华人民共和国的公民。无论是改善人民的物质生活与文化生活，还是建立社会保障制度，都需要使用国家所掌握的财政、经济资源进行，国家财政主要来源除了税收之外，就是对于国有资源开发利用的所得收入。《宪法》第 9 条中规定的那些自然资源既然属于全民所有，那么是否可以认为这意味着全体公民都具有所有权呢？更直白地说，是否每个中华人民共和国的公民均可以行使宪法所确认的所有权，这种所有权是按份所有还是共同共有？在宪法之下这样的所有权是否能得以实现或兑现？在现有宪法的规范之中难以得出清晰的回答，但是作为国民收入的再分配形式下，通过政府投入进行城市与农村的生活基础设施建设，公共设施建设与维护，提供不分城乡的以全民为对象的社会保障，亦可视为是对"全民所有"的一种分配的转化方式。当然从现实的角度看，这种变现方式显然还难以达至公平公正，各个地区、各大城市的差异较大，地区中的不同公民、居民所获得的相应资源同样存在着不均衡的分配。这为宪法所确立的社会主义公有制的实现留下了尚待解决的问题，有待于通过宪法修改或者是宪法解释等方式予以回应。

气候是一项人类可利用的重要自然资源类型已得到国际社会的公认，虽然我国宪法中对于气象资源并没有进行具体规定，但1999年10月颁布的《中华人民共和国气象法》第1条[①]便提出政府开发利用气象资源的目标在于为国家、社会和公民提供服务。气候资源与宪法中规范的其他自然资源有着紧密的关联，矿藏的形成，水资源及森林资源、草原、荒地、滩涂的分布与气候因素不可分割，气候资源既是一种发挥综合作用的资源，又是人类可以有针对性地加以利用的资源，在对气候资源进行开发利用的时候，对于气候资源的权属如何确分，这也是目前在理论与实践中争议不休的问题。气候资源能否可以和其他自然资源一样分为国家所有、集体所有或者公民私有？不少学者呼吁将气候资源，尤其是云雨资源的权属关系进行立法，以便依法进行开发利用，避免无序利用造成的生态与自然秩序危机。

"气候是包围地球的大气圈的物理化学性质的总称，属于客观存在的自然现象的一部分。"[②]气候资源与大气之间的关系密切，在气象学中将支持人类活动，及地球表面支持整

---

① 《中华人民共和国气象法》第1条：为了发展气象事业，规范气象工作，准确、及时地发布气象预报，防御气象灾害，合理开发利用和保护气候资源，为经济建设、国防建设、社会发展和人民生活提供气象服务，制定本法。
② 钮敏主编：《气象法理论与应用问题研究》，气象出版社2009年版，第219页。

个地表生命系统的大气环境条件统称为气候资源。其基本构成则是由人类生产、生活以及整个生命系统所必需的光照、温度（热量）、降水（水分）、气压、风、气体成分等构成。[①]"《世界气象组织第二个长期计划草案（1988—1997）》开篇就提出：'气候既是有益于人类的一项重要自然资源，又可能导致自然灾害。'"[②] 气候的危害性与资源性的共存给了人类影响天气的行为存在的正当性依据，即趋利避害，让气候资源与气候环境造福于人类。国务院颁布的《人工影响天气管理条例》中明确规定了人工影响天气的目的是为了避免或者减轻气象灾害，合理利用气候资源。

由此可见，从发展的眼光来看，所有的气候在科技条件能够支撑的前提下，都可以成为我们用以保障自身生存和发展的资源加以利用。气候资源从整体上来看其具有丰富性、循环性的特征，它不局限于我们日常中较为关注的雨水资源，实际上还包括了风、阳光（热量）、雷电等。从技术层面看，风能与太阳能的开发，人类已经有了较为成熟的经验，即如风能发电与太阳能发电，储存阳光的热能等，都是人类利用气候资源的实践活动。作为一种自然资源，风、太阳能的资源类型与水、森林植被、矿产等自然资源既有相同性，也有区别。有学者将云雨资源的特征概括为："1.不可确定性，空中水资源看不见、摸不着，瞬息万变，这是由它的物理特性决定的；2.稀缺性，大气中的水资源总量不会有大的改变，而且

---

① 参见任国玉、许红梅、张永山：《人类干预下的气候资源演化》，载《环境保护与循环经济》2010年第1期。
② 钮敏主编：《气象法理论与应用问题研究》，气象出版社2009年版，第219页。

在干旱少雨的西北地区属于稀缺的自然资源；3.一定程度的可支配性，空中水资源遵循一定的物质转换和循环的自然规律，基于此，人类可以通过自身的科学技术对其进行预测和控制，用于抗旱、增雨等活动。"[①]

气象资源的其他类型大多具有以上的特性，当然因为水资源作为人类不可或缺的重要资源类型，尤为引人关注，于是学界中将云雨资源物权化的呼吁甚嚣尘上。可利用和需利用不能作为云雨资源物权化的唯一标准，"不是任何自然资源都具有经济用途，也不是任何具有经济用途的自然资源都可以成为物权的客体。物权法之所以调整人们对某些自然资源开发利用的行为，是因为这些自然资源具有有限性，或相对于人类现有的开发水平而言是有限的。对于取之不尽、用之不竭的自然资源，物权法并无规定的必要。因此在物权法视野下，自然资源是指天然生成的、具有稀缺性且可以作为生产资料进入社会生产领域的自然要素。"[②]天气资源的物权化所存在的难点是其固化、确定性与量化性如何操作的问题。空中的云作为一种资源和地上的水并不能归类为同一属种。就如同风，它的资源价值在于流动性，风要是固定了就不成为风了，气候资源的特点就在于形态各异，太阳光照是相对固定的，每个人都可以得到光照，因此它也就没有了确权的必要性。众所周知，气候资源的形成较大程度上依赖于大气状况，而大气资源应该说是全球性的资源，没有哪一个国家能够独占

[①] 蔡守秋、王秀卫：《人工影响天气的法学思考》，载《河南省政法管理干部学院学报》2007年第4期。

[②] 黄锡生、杨熹：《设立自然资源物权之初探》，载《重庆大学学报（社会科学版）》2007年第2期。

大气，因为大气是全球性循环的，正是基于此，因此国际社会才会针对气候问题多次进行国际谈判。然而，大气涉及每一个国家和地区，涉及一个国家的每一个地方，因此保护和合理利用大气资源又是每一个国家及地方政府需要切实履行好的责任，一旦大气资源被破坏，其影响是全球性的。因此必须有相应的法律制度予以规范气候资源的开发和利用。那么气候资源能否纳入物权的范畴当中，以物权法律制度来予以规范呢？这需要我们将视角转移至我国的物权法律规范中予以研判。

我国《物权法》第1条①确定的立法目的在于维护国家的基本经济制度，对权利人的物权予以保护。本条法规范的逻辑结构是将物权制度目标由大至小地进行了确定，首先是维护国家基本经济制度。我国实行以公有制经济为主体、多种所有制经济共同发展的基本经济制度。物权法规定了物权，区分了物权主体为国家、集体、私人及其他权利人。物权的客体物，区分为不动产和动产。气候资源是动产还是不动产这个问题并不好回答，因为其无论是性质还是特点都与我们传统意识中所认识的财产与物有较大区别，可以肯定的是气候资源不是不动产，是否是动产还需要进一步商榷。但是，物权法在区分了动产与不动产之后又补充规定了：法律规定权利作为物权客体的，依照其规定。这就为气候资源这种特殊的自然资源能否物权化留了一个口子。亦即可以理解为，国家可以在不区分气候资源的物的类型时可将其列为一种权

---

① 《物权法》第1条：为了维护国家基本经济制度，维护社会主义市场经济秩序，明确物的归属，发挥物的效用，保护权利人的物权，根据宪法，制定本法。

利来加以规范和保护。但归根结底，这个问题真正能有现实意义是在于人类对于天气掌控的能力的极大程度提升，可以将其当作可分配资源予以使用。就目前的情况，我们对于天气资源很大程度上还是在被动地接受。

　　然而正当学界在为气候资源的物权属性争论不休之时，2012年6月14日颁布的《黑龙江省气候资源探测与保护条例》对于气候资源的规定引起了轩然大波，其原因在于，作为国内出台的首部有关气候资源探测和保护等方面内容的地方性法规，其第7条规定了气候资源为国家所有。基于此，从事气候资源探测活动，应当经省气象主管机构批准。而且经批准的气候资源探测活动，应当通知所在地气象主管机构。气候资源属于自然资源已成为共识，然而气候资源是否属于国有无论是理论上还是立法中均无定论，并且争议很大，因为尽管气候中包括了雨水，水资源在宪法中是确定为国家所有，但气候资源又并非仅限于雨水资源。因此，黑龙江省出台的这个条例引发争议就属于情理之中了。

　　其存在的问题首先是地方性法规能否确认某种资源为国有。根据《立法法》的规定，涉及民事基本制度以及基本经济制度以及财政、税收、海关、金融和外贸的基本制度的应当以法律的形式予以规范。如这些事项尚未制定法律的，全国人民代表大会及其常务委员会有权作出决定，授权国务院可以根据实际需要先制定行政法规。地方性法规的立法权限为：一是，为执行法律、行政法规的规定，需要根据本行政区域的实际情况作具体规定的事项；二是，规定属于地方性事务需要制定地方性法规的事项；三是属于国家法律保留事项以外的其他事项国家尚未制定法律或者行政法规的，省、自治区、直辖市和较大的市根据本地方的具体情况和实际需要，可以先制定地方性法规。① 对于某项自然资源的权属显然属于民事基本制度中物权制度的内容，因此根据《立法法》的立法规范来看，最低层次也必须是行政法规才能予以规范，黑龙江省人大常委会显然不具备这一合法资格。地方性法规应对地方性事务进行规范而不是国家事务。

其次，物权法将物权的内容确定为：所有权、用益物权和担保物权。气候资源是否能在物权属性的所有权上确认为是一种所有权关系，并且能确定为是国有呢？

这可以分成两个维度来讨论。第一个维度是从立法权限来看，根据《立法法》的规定，至少有国务院、全国人大常委会、全国人大是具有法定权限来确定气候资源属于国有的。尽管《宪法》第9条确定了属于国有资源的范围，但是从《物权法》②的条文与《宪法》的条文对比可以看出，《物权法》中的国家所有的自然资源增加了海域、野生动植物资源的规定。由此可见，在立法实践中可以通过法律对宪法的自然资源范围进行扩张，至少从实践的角度来看，为了更好地保护资源，促进可持续发展的目标而言，在立法权限上创先河将某项自然资源列入国有资源的范畴具有可行性。

第二个维度是将气候资源纳入国家所有的范畴进行法律规制是否具有合理与正当性的问题。"气候资源作为一种宝贵的自然资源，能够为人类的物质生产提供原材料和能源。随着人类科技的进步，工业化的发展越发迅速，所产生的环

---

① 参见《立法法》第8条、第9条、第63条、第64条之规定。
② 参见《物权法》第46、第47、第48、第49条之规定。

境问题越来越突出，对气候资源的影响也日益显露出来。气候资源丰富的土地被超负荷地利用，并向气候资源不足的干旱半干旱地区和坡地扩大种植，引起严重的水土流失和沙漠化。大气污染不但使空气质量恶化，并将造成不可逆转的人为气候变化。气候资源正面临恶化，以致受破坏的厄运。"[①]由此可见，气候资源作为人类赖以生存的重要元素，对气候资源进行保护，尤其是以法治的方式进行保护是非常必要的。但是这并不意味着将气候资源收归国有就非常有利于其资源性的保护，也不意味着气候资源确定为国有是合理及正当的。气候的影响涉及每一个人，这里的人是无法用国界来限定的。气候是无国界的，当然，气候存在着地域性与全球性的表现形式。这是基于每个地区都会因为地理环境的不同而影响到气候，这是局部气候。但是从整体的大气层而言，受到的污染，以及全球变暖等气候现象则是全球各国排放温室气体的共同作用形成的，其影响力不因国别而顿止。无论是风、云雨、雾还是雷电都不会限定于一国或一个地区而不移动，恰恰会因为气候的影响而在世界各个地区发生作用，形成真正的"蝴蝶效应"。尽管对于气候资源的属性和定位目前仍旧没有定论，但《宪法》第9条第2款已作出规定，国家要保障自然资源的合理利用，并且禁止任何组织或者个人用任何手段侵占或者破坏自然资源。这就为国家通过人工影响天气来合理利用气候资源确立了以宪法为基础的合法性。

[①]　何书中：《气候资源国家所有的合法性质疑——兼评〈黑龙江省气候资源探测与保护条例〉》，载《上海政法学院学报（法治论丛）》2012年第6期。

（三）福斯多夫所型构的服务行政

行政行为是否能体现出服务行政的导向需要从行为的最终目标来考量。对于研究服务行政或是给付行政以及服务型政府的中国学者而言，福斯多夫是一个不可回避的服务行政理论巨擘，其代表作《当成是服务主体的行政》为我们分析服务型政府的建构提供了非常具有建设性及指导意义的理论型构脉络。他提出的国家生存照顾职责的承担是基于整体的国家发展中出现的城市化倾向，人口增长及人口居住的都市化以及 19、20 世纪科技发展及交通运输的发达，使得人的有效生活空间的范围不断扩大，而人所能自由掌握的空间却日益狭窄，导致的后果是人的社会依赖性增强，这就对国家政治权力拥有者提出了责任要求，并由国家基本法将生存照顾责任转入政治责任中并主要由国家通过行政部门来承担。

由于科技之发展，公用事业的科技化，从能力上，不只是个人无法兴建科技化的公用设备以供自己享用，就是基于经济规模的考虑，也无法由个人承担。

人类为了更好地生存必须依靠大规模的技术性与经济性的服务机构来给予生存照顾，当然此类机构并非完全依赖于政府提供，即如众多的企业也能为公民的生活提供各种产品和商品来满足生存之需，然而这并非说明政府的生存照顾职能在社会化的大生产的背景下日益萎缩。自由经济体制是保障市场主体自主地进行商业行为，追逐商业利益的经济制度形式，市场主体向社会提供产品及服务的行为属于追逐私利的行为，因此难以将其与生存照顾的职能相提并论，政府的监管行为，在此则属于生存照顾的具体行为体现。人们在共同生活中已经依赖于公共机构的生存照顾之后，个人已经无法有效地自行解决生存发展之需。人们也自然地将自己的命运与国家生存照顾机构连接在一起。而此时国家的合法性则需要以向民众提供生存照顾来获取。生存照顾的提供也以结构化的方式分为了秩序提供和直接提供服务、物品、资金等类型。

德国较先提出法治国家概念及原则，法治国家原则乃是依法律来治理国家以及保障人权，整个法治国家的自由并非依靠帝王、优秀领袖者或是一个政党，而是靠宪法来加以推动。在福斯多夫的文章中对于生存照顾与法治国家之间的逻辑联系并没有详细地交代。福氏虽然认为应该采取特别立法的方式来规范生存照顾事项，并赋予行政广泛的权力，但其重心系置于行政权而非立法权之中。

福氏所型构的服务行政是建立在法治国家基础之上，以行政为主导的体制，在他看来生存照顾是依赖于行政力量来实施的，然而德国在二战结束之后通过的《德国基本法》所树立的社会法治国家原则要求所有的国家权力而不仅仅只是行政权力，均应投入到向人民提供福祉的任务之中，所以提供人民生存照顾及保障人民享有符合人性尊严的生活已辐射至国家而非仅仅是政府行政的职责，此时的德国服务行政以制度化的形式演进成为服务型国家。尽管如此，服务活动的主体中行政的作用仍是占主要地位的，立法与司法将着力于为服务行政制定规则以及监督、纠正违法行政，救济公民权利的功能。

福斯多夫并未能给我们清晰地刻画出服务型政府或服务行政的概念及内涵，但为我们的思考指引了方向。福氏的理论中尤其强调"生存照顾"这个概念，并提出"生存照顾的概念应该与所有国家单方面提供之给付，如提供津贴、救济等所谓'济助'相区别"①。"所谓的济助，系指对于陷于困境之个人施以救济之谓。"②可见"生存照顾"这一概念与给付行政之关联较为紧密，实际上"台湾地区法学界与日本法学界同，将福斯多夫所提出之服务行政（Leistungsverwaltung）译成给付行政"③。依笔者所见，生存照顾、服务行政均有给付或者是提供某种服务为此类行为模式的核心内容。

在日本学者南博方所撰写的《行政法》教材中，将给付行政划分成三个部分，一为供给行政；二为社会保障行政；三为资助行政。供给行政是指提供日常生活中必不可少的公共服务的行政作用。供给行政通过公共用物、公共设施（营造物）、公企业等的设置和经营来实现，也即是行政主体所向国民提供道路、海岸、公园、广场等设施，学校、医院、博物馆等场所（即公共用营造物）以及公营企业，诸如提供水、电、燃气、公交等服务。社会保障行政包括了向生活贫困者进行生活扶助，给予宪法所规定的最低限度的健康与文化的生活的保障。资助行政包括了对青少年的保护和培养、知识和技术的提供，其主要是行政主体为了保证经营的安定，满足公共性需要，而对业界团体、私人和企业提供资金及其他财产性利益的行政作用。以上的给付行政均有相应的法律作为依据。④ 这些类型的公共服务从目前看，并不仅仅留存于国家给付的范围之中，

① 陈新民：《公法学札记》，法律出版社2010年版，第63页。
② 陈新民：《公法学札记》，法律出版社2010年版，第67页。
③ 陈新民：《公法学札记》，法律出版社2010年版，第40页。
④ 参见[日]南博方：《行政法（第六版）》，杨建顺译，中国人民大学出版社2009年版，第32—33页。

即如道路、公园、学校、医院以及博物馆已有不少为私人主体提供，这里存在着不同主体的供给。不同供给者可以让服务多层次化，并可以体现出个性化服务的特点还有互补性的功能。

（四）服务型政府的行为定位

政府的职能与职责是需要通过具体的行为来体现的，法治国家要求的是政府必须要依法行政，正所谓法无明文规定不得为。政府的行为是不是服务性行为实质上并不是以行为的分类来判断的。譬如有学者认为包括一些管制行为、处罚行为等，其行为虽然直接针对的是一些特殊行业、特殊群体及违法行为人，然而对于其他需要特定秩序维护以及安全保障的公民来说，事实上是实现了服务的功能，因此这些行为在以服务行政为导向的现代行政活动中，完全可以归类于服务行政的范畴，或是归结于服务型政府的功能体现。笔者并不否认管制行为、处罚行为会有反射性效应，辐射于其他公民或者是群体，即如"面对当下日益严峻的环境污染危机、经常见诸报端的矿难事故，以及频频爆发的食品安全事件和药品不良反应事件，公众的第一反应往往就是要求政府加强监管，而政府也在很多场合表示要加强监管，保证人民群众的安全和健康"[①]。这里所体现的即是对一些特定行业的监管，对于被监管者而言，其所面对的是一系列需要履行的责任与义务来确保自身行为，或是生产产品符合安全标准或是不具危害、减少危害性，其效果是保证人民的身体健康及财产的安全，因此的确有服务的效果体现。进一步说，行政处罚作为一种

---

① 傅蔚冈：《我们需要什么样的社会性规制？》，载傅蔚冈、宋华琳主编：《规制研究》第一辑，格致出版社、上海人民出版社 2008 年版，第 1 页。

严厉的行政行为自然会导致被处罚人的权益损失，而这种损失能否视为是诸如受害者的一种服务呢？在常规的思维中，这种处罚对于受害者而言，最直接的效果就是精神的慰藉，如果受害者还需要进一步寻求救济就应借助于民事法律规范来解决。学者们通常把此类损益性行为解释为是一种维护秩序的服务。在我国建立的人工影响天气的法规范体系中也同样存在诸多的管制、限制性的行为，其立法目的也是为了保障人工影响天气行为的安全性。

2004年2月21日温家宝在中央党校省部级主要领导干部"树立和落实科学发展观"专题研究班结业典礼上正式提出"建设服务型政府"的目标。[①] 我国高层领导的言谈中常将管理、管制等行政执法手段寓意于服务之中。温家宝就曾在政府工作报告中提出，要创新政府管理方式，寓管理于服务之中，各级政府一定要把社会管理和公共服务摆到更加重要的位置，切实解决人民群众最关心最直接最现实的利益问题。实际上管理与管制本身体现的效果也许并没有很直接的服务性，但从行为本质而言，无论是管理还是管制，都体现为执法行为，是一种典型的秩序行政行为，秩序的稳定既有利于人民的生活也有益于政府的治理。秩序行政不仅在管制型政府需要应用，服务型政府更加需要这样的规制行为，所以行为的类型不是区分政府模式的标准，对于服务型政府的理论认识不能仅从行为的类型上进行区分。

服务行政并不是政府自发形成的，是公民社会以及政府

---

① 参见李沫：《公共伦理视角下我国服务型政府的解析及构建》，吉林大学2007届博士学位论文。

等多种力量相互博弈下的结果。人类对于政府模式的创造其原因只可能是人类对于自身生存与发展的需要，政府这种特定的组织方式以广泛及有效地集中国家、社会资源以满足人们对于秩序和安全的公共需求。人能从野生动物界分立而出的原因即在于人可以对自然界进行一定程度上的改造，正所谓人对自然世界的能动作用。而这也意味着，人也脱离了所谓自然秩序走向了另一种秩序的建构，这就是法治。应该说政府对于民众提供服务的幅度与该政府是否是属于法治政府并没有必然联系。在以人治模式治理的国家中，如若恰逢一位明君圣主，国家也可以在一定的程度下提供较大规模的生存给付，也可以出现类似于服务行政的行为方式。然而，人治状态下最大的弊端就在于民众没有一个预期，因为随着统治者的心态、思维和观念的改变，行为方式会朝令夕改，又会因为人的变迁导致政令的废除或者修改，没有长期稳定性，也没有可以遵循的规律。因此，要让政府成为关注于公民利益，照顾民众生存，维护公民尊严的服务主体，政府自身的构成及运行必须是有序的，是经过设定制度并以制度化的模式运转的。从制度层面来解构，政府对公民的态度是自上而下还是自下而上，取决于国家法制的设计，真正能够让政府服务于公共利益的制度设计需要引入宪政、民主与法治的力量。服务型政府的权力种类及权力范围必须是通过由自下而上的民主机制参与下，通过宪法框架，以法制的形式予以确定。

那么服务型政府应当是怎么样的政府呢？首先必须要明确，服务型政府不能与服务行政、给付行政画等号。服务行政所体现的是行政行为中较为典型的向社会公众提供服务的行为方式，即如行政指导、行政救助，而给付行政是以向社会公众直接给付财物或提供帮助的行为。服务行政与给付行政这两种行政方式在各种类型的政府形态中都存在，因此它们并不能作为服务型政府的典型特征。

"可以说，服务型政府建设无法进一步纵深进行的关键问题往往在于实践操作缺乏深厚、系统的理论根基，结果造成了建设实践在具体的标准上摇摆不定、无法形成稳定的共识。"[①] 布坎南的公共选择理论中提到人们会通过用脚投票的方式来选择他们满意和需要的政府服务，在迁徙已经较为自由的中国，越来越多的人可以通过搬迁、流动的方式选择公共配套更好、环境更优的城市或城市街区来居住、工作、生活，甚至可以移民国外。然而"公地悲剧"的理论在实践中正一次次上演。我国近些年来一些发展较快的政治、文化、经济、金融中心城市正出现由于外来人口增幅过大导致政府给付不堪重负，而通过一系列的政府措施来限制外来人员的现象。优质资源与稀缺资源之间的交替，让我们感觉在构建服务型政府时，对于公共资源分配公正性的把握是一个服务型政府构建中的关键问题，尤其像我国是一个人均资源占有量较低的国家。

服务型政府是政府建设中的一个理想目标，其应当以实现人权保障为政府活动的终极目标。法治则是国家及政府行为的基本方式，在服务型政府模式之下，法治用以规范政府的公共服务行为，以保证服务行为的公正性，也即是说，在建设服务型政府背景下构筑的法治，是服务行政主体合法、

[①] 李沐：《公共伦理视角下我国服务型政府的解析及构建》，吉林大学 2007 届博士学位论文。

合理、有效地实现公益事业目标的一套准则，这套准则就是法体系。在服务型政府建设的目标统领之下，法制体系的构建则需要围绕着政府的职能、职责的设定，政府管理行为的方式方法，行政主体在进行行政活动时必须遵循服务型法治的规律、定律，明确政府自身的功能与职责界限。合法地处理管理与服务之间的逻辑连接，以法治方式来科学、合理、明确地处理好行政主体与行政相对人之间，政府对于人、财、物等社会资源以及宪法规定属于国家所有的自然资源之间各种的管理、处分与收益以及分配的种种法律关系，这是实现政府的服务水平与法治建设的完整、和谐与统一的客观需求。

法治是一种理性的治理方式，基于人所固有的欲望，人会对肉体、情欲、物欲产生贪恋而作出冲破理性的行为。西方经济学中提出了"理性人""经济人"的理论假设，这种假设认为每一个从事经济活动的人都是利己者，他们从事经济活动所采取的经济行为都在意图让自己能够用最小经济代价去获得最大经济利益。西方经济学家认为，在任何经济活动中，只有采取最大利己化的人才是合乎于人的理性的，否则，就是非理性的人。这种所谓的"理性人"现象在当下的中国已经体现得淋漓尽致了，在近几年我国发生的较大的公共性事件中，唯利是图的行为层出不穷，如趁日本海啸核辐射而引发的核辐射恐慌所引起的抢盐风波中，那些哄抬盐价的商贩，为了谋取最大化利益而不惜牺牲他人身体健康的"疫苗""地沟油""毒胶囊"的制售者，实质上都是所谓的理性人理论的实践证成。由此也客观上对政府的规制提出了更高的要求，即如地沟油现象，目前国内外都没有"地沟油"的科学鉴别规范，在这种地沟油与食用油的具体分类标准以及地沟油检测标准尚未明确的情况下，也为监管部门判断是否是地沟油带来困难。如果政府监管部门无法鉴定出食用油的成分，将难以区分地沟油和普通食用油的区别。而据称，近期按照国务院食安办的统一部署，卫生部组织科技部、工商总局、质检总局、食品药品监管局、粮食局，以及中国疾控中心等有关行政部门及有关机构共同研究制定了"地沟油"检验方法论证方案，并组建了包括油脂加工、食品安全、卫生检验、化学分析等领域权威专家和相关机构在内的检验方法论证专家组，对相关技术机构研发的检验方法进行科学论证。① 技术性成为服务型政府发挥行政作用的一大支撑，而涉及本书所探讨的人工影响天气行为更是需要强化以政府及政府工作部门为代表的公共行政组织的技术能力。

然而另一方面作为政府及政府工作部门的工作人员基于人所固有的本性，总是会带有某种倾向性而作出有利于公务人员个人、家庭或小团体以至于整个部门利益的行为。2011年时任湖南省委书记的周强在湖南省委经济工作会议上曾严厉地斥责，"有些部门、有些干部过去是要有好处才办事，现在就是拿了好处也不办事，喝完了酒，吃完了饭，泡完了脚，屁股一拍就走人，什么事也不办，什么问题也不帮企业解决！""还有，企业一年到头，不是迎接这个检查就是应对那项评比，一些部门靠检查评比索拿卡要，这个问题已经很严重甚至十分严重。"② 其实这种类似的新闻报道已非罕见，

① 吴鹏：《卫生部组织研究地沟油鉴别方法》，http://news.bjnews.com.cn/2011/0919/131863.shtml。
② 《湖南省委书记：现在有些部门拿了好处也不办事》，http://news.sina.com.cn/c/2012-12-27/085925906149.shtml。

领导人的怒火烧完，这些官员们的行为仍旧会延续常态。这已然标明在非完全法治化状态下，靠个别领导人的清正廉洁无法消除政府的经济人理性弊端，数千年中国的人治统治在现今渐入佳境的宪法治国，法治治世的社会理应走到尽头。而法治不会成为我国宋明理学中所强调的"存天理灭人欲"思想的规则体系，而是通过规则来调整整个社会的利益分配机制。

所谓的和谐社会实质是利益分配机制公平、公正，可预期的体制，而"以人为本"的理念则是将居住、生活在我国的所有人的权利作为"本源"，从服务型政府的法治实现机制的要素构成中，服务型政府的价值理念是整个服务型政府构建中的导向支撑，没有这种价值理念内化于政府、政府公务人员之中，政府改革的制度、措施将会因缺乏价值根基而难以实现。那么服务型政府的价值理念的内容、价值核心是什么？借助于其他学科的知识来考察，公共管理学及政治学的研究把视角关注于自20世纪下半叶开始，世界各国兴起的新公共管理运动，这次运动首先从英国兴起然后席卷于欧美，值得关注的是，新公共管理运动引入了经济学的理论作为指导，其中提出了"政府应以市场或顾客为导向，提高服务效率、质量和有效性的依据：从成本－效益分析中获得对政府绩效目标进行界定、测量和评估的依据等等。"[1] 并且在对公共行政部门的管理中引入企业化的管理模式，这是针对传统政府科层体制的僵化呆板，效率低下，机构日趋庞大臃肿，政府

① 金太军：《新公共管理：当代西方公共行政的新趋势》，《国外社会科学》1997 年第 5 期。

支出过高导致公众对政府能力失去信心等弊端所进行的改革。新公共管理运动提倡政府部门借鉴于企业组织的运作模式，将公众视为顾客，将公共行政服务的质量及效益视为评价政府及公共服务机构的标杆，促进了政府机构的竞争意识，也打破了政府作为公共管理唯一主体的垄断地位，引导了公共服务主体与市场主体一起参与到公共服务体系之中，这些对于我国构建服务型政府有着很强的借鉴意义。受这股思潮的引导，我国的政治学、公共管理学目前对服务型政府的定位达成基本共识，即以政府与公民之间关系作为核心，"服务型政府就是在公民本位、社会本位理念指导下，在整个社会民主秩序的框架下，通过法定程序，按照公民意志组建起来的以为公民服务为宗旨并承担着服务责任的政府。"[①] 然而，新公共管理运动，也给我们留下反思，尽管新公共管理已经非常明确地将公共管理的本质定位为服务，但是政府的运作模式与市场运作规律是不同的，无法完全照搬。从政府的职能与市场主体运作的机制来看，市场机制是无法完全取代政府行政模式的。由于我国的行政体制与西方国家的差异较大，因此，对于西方的公共管理改革的经验，以合理化地吸收是非常有必要的。

胡锦涛同志在党的十七大报告中指出：加快行政管理体制改革，建设服务型政府。行政管理体制改革是深化改革的重要环节。要抓紧制定行政管理体制改革总体方案，着力转变职能、理顺关系、优化结构、提高效能，形成权责一致、分工合理、决策科学、执行顺畅、监督有力的行政管理体制。

---

① 刘熙瑞、井敏：《服务型政府三种观点的澄清》，《人民论坛》2006 年第 5 期。

习近平同志强调，"行政体制改革是政治体制改革的重要内容，是推动上层建筑适应经济基础的必然要求，必须随着改革开放和社会主义现代化建设发展不断推进。要按照建立中国特色社会主义行政体制的目标，深入推进政企分开、政资分开、政事分开、政社分开，持续推进简政放权、放管结合、优化服务，建立权责统一、权威高效的依法行政体制，建立职能科学、结构优化、廉洁高效、人民满意的服务型政府。"这说明在服务型政府的建构中，行政管理体制是关键性问题，亦可称之为服务型政府的基础性工程。邓小平同志曾经说过一句意味深长的话，"制度好可以使坏人无法任意横行，制度不好可以使好人无法充分做好事，甚至走向反面。"这句话告诫我们制度建设的重要意义，目前我国"行政体制层面的党政分开还未形成完整的制度化、法律化运作规范，行政系统自身的职能分化和分工仍存在诸多的不合理之处。行政行为往往超越预先的理性设计和严格限定的权限，行政过程中个人权威、职务权威远远大于法律权威和制度权威，地方利益、部门利益以及政府自身利益常常与整个国家行政体系的目标以及公共利益相背离。"[①] 因此，习近平、胡锦涛等中央领导同志将行政管理体制改革作为加快建设服务型政府的基础是有着较为深远的现实意义的。

对于新公共管理中的有益因子，如成本管理、质量管理、顾客导向等，是应该吸收到服务型政府的构建理念中来的，我国目前的政府管理运行模式存在着管理效率低下、服务质

---

① 李沫：《公共伦理视角下我国服务型政府的解析及构建》，吉林大学 2007届博士学位论文。

量差等痼疾，而其原因则在于层级管理体制的僵化、未能将行政相对人真正地以服务对象和服务中心来对待，家长式作风盛行。政府的服务理念应当以公共利益为先导，行政行为应当有助于公共利益实现。然而，问题在于公共利益的理解在实践中又是较为困难的。是否可以逆向性思维，以排除的方式来确定公共利益的范围？这同样有难度，很多看似私领域的问题，也隐藏着公共的因素。如家庭中对子女的抚养，这种权利义务关系是以私法属性的婚姻家庭法来加以规范的，但是繁衍后代又是为了人类共同的未来，为了可持续发展而作出的行为，私行为产生公益价值。我国在宪法中设立的计划生育的国策就是基于此种私行为与社会利益的重叠及影响。即如在 2016 年之前，中央决策放开"单独二胎"之后，争议颇大的"放开生育二胎"的问题，支持者提出，"计划生育政策带来的老龄化、独生子女情感问题和社会风险等问题也不容忽视。单纯地减少生育其弊端已日趋严重，代价和风险越来越大，导致了人口发展的结构性失衡，会产生严重的社会代价。"[①] 这些问题已超越了私人利益的范畴，很难说不涉及国计民生的公共事宜。无论是支持者还是反对者，其涉及的都是国情问题。如此一来，是否公共利益的问题将成为悬而未决的问题而无法确定呢？在法律部门的设置中，划分了公法和私法体系，是否意味着公法涉及公权力的行使，就与公共利益相关而私法与公共利益无涉呢？从现实中制定的法律来看，实际上每部法律的条文中都难以达到非常纯粹的公

---

① 段华明：《坚持稳定现行生育政策是重大清醒——兼评是否"放开生育二胎"的争论》，《南方人口》2010 年第 2 期。

法规则与私法规则的泾渭分明。受某一行为影响的范围宽了，私益就会转化为公益了。而公法行为若是只涉及个别行为，那么直接影响的也只是个别人的利益。作为公共行政主体，要体现出公益性，首先要体现出行为理念是处事的公正、公平。之所以如此强调是基于公共利益的分配与私益的分配在方式上必须要体现出不同，公共行政所面对的相对人是不特定的多数，对待每一个相对人应当是平等和无偏私的，如果是私法主体，分配的利益将是个人利益，涉及的是私权利。此时的分配则会因市场交易或人员交往中的各种因素进行分配，比如，一位经营饮食业的个体工商户在销售食品时可以因为顾客与其的私人关系而少收甚至是不收取款项便提供食品，但如果是政府部门在对资源进行分配时出现不够条件而给予相应利益的行为的，则构成行政行为上的徇私，以权力谋利益的违法行为。公权力要保护私权利，公私权利应当通过相应的机制联结起来，形成一种类似于社会国的模式。

气候本身是不分公、私的，是在一定区域内发生影响的，因而人工影响天气自然与气候本身的影响是相似的，这也就要求政府在实施影响天气作业时需要考虑到的是受影响公共领域不同主体之间利益的平衡问题。毕竟这已经不仅仅是技术应用问题，更深层次地说这是一个法律问题。公法本身的功能就具有调整和分配公共资源的职能。

政治学、公共管理学与法学同样研究服务型政府，然而，各自研究的视角、研究的方法是不同的，政治学关注于服务行政政府中权力的掌控模式，将政府类型模型化，公共管理学则关注于行政管理的规律、机制，法学关注于权利、义务等法益的分配、权力的控制及权益的救济等内容。

有学者认为服务行政"与秩序行政不同，服务行政不承担框定社会基本秩序的职能，它以造福公民为目标，在性质上属于形成性的授意行为"[①]。服务型政府的行为侧重于一种特定的社会秩序的实现，"现代社会条件下，对公民个体而言，有没有获得来自国家的给付与是否遭受国家的干预往往具有同等的意义，在某种情形下，前者甚至可能具有更为重要的意义。"[②]

我国行政体制中存在的部门利益化倾向实际构成了对服务型政府建设的一大障碍。由中央气象局颁布，并于2015年5月1日起实行的《气象预报发布与传播管理办法》第5条中有这样的规定，国家对气象预报实行统一发布制度。气象预报由各级气象主管机构所属气象台站按照职责通过各级人民政府指定的广播、电视台站、报纸和网站及时向社会发布。第6条规定其他媒体需刊播气象预报的，应当与当地气象主管机构所属气象台站签订刊播协议，双方根据协议提供和刊播气象预报。在该办法第13条中规定未经许可擅自刊播气象预报的、擅自将获得的气象预报提供给其他媒体的以及未经许可擅自转播、转载气象预报的，有关气象主管机构可以责令其改正，给予警告，可以并处1万元以下的罚款。这一规定的依据所考虑的是因为气象预报的作出属于气象科技成果，制作和发布单位对气象信息拥有相应科技成果权属。"河北百盛律师事务所的石景生律师认为，气象预报是一种公共信

---

① 刘志刚：《论服务行政条件下的行政私法行为》，《行政法学研究》2007年第1期。

② 刘志刚：《论服务行政条件下的行政私法行为》，《行政法学研究》2007年第1期。

息，不属于某一个人或者单位。气象部门制作和发布气象预报是国家赋予其的事业职能，其成果归属于国家和公众，社会成员对气象预报享有平等的、无偿的使用权。"[①]《气象法》强调的是气象工作应当把公益性气象服务放在首位，这里的中央气象部门通过自行制定规章设定气象科技成果权显然与《气象法》的立法原则相违背，限制了气象信息服务全民的功能。服务型政府将会更加注重公民的感受及需求，而管理型政府更加强调民众的遵从义务。由此可以看出，形式化的法治与服务型政府之间存在着一定的紧张关系，如严格遵循规则主义，会让服务行为受到一定的限制，难以发挥服务的个性化，但如若除去了法规则的限制，权力的滥用又将难以避免，因此必须回归《宪法》所确立的服务型政府的宗旨，以《宪法》作为法体系的根本依据，把握好法规则的服务导向，将宪法所搭建的服务型政府的制度模型在人工影响天气的活动中予以落实。

二、服务型政府与人工影响天气行为的逻辑关联

落实到服务型政府的建设，其基础在于法治。法治对于服务型政府的关注在于制度的动态运作之中。服务型政府服务面向的制度约束力不能取决于领导的个人思想。人治型的服务政府依靠于国家领袖的观念意识以及高权之下的推力。法治型的服务政府依赖于刚性的制度推动。两种服务型政府的区分在于也许法治型服务政府的建设缺乏个性化和关怀的深度，但是人治型服务政府有可能会受人的关注度的制约导

---

① 钮敏主编：《气象法理论与应用问题研究》，气象出版社 2009 年版，第 160 页。

致服务的偏向，法治型服务政府则避免了"人亡政息"的历史规律和服务的广度，最能体现出权利的平等性。服务型政府的法治机制框架的搭建必须要以政府的特定行为来进行具体分析。

（一）人工影响天气行为的服务性本质

灾害天气已经严重影响了人类的生存，制约着人类的正常活动的开展。与此同时人工影响天气活动正在为有效地解决天气因素导致灾害发挥着作用。据报道，在 2011 年 1 月至 5 月期间，长江中下游大部分地区的降雨量偏少，与往年同时期相比少了 3 成至 8 成，华东 5 省市（上海、安徽、江苏、江西、浙江）以及湖北、湖南平均降水量为 1954 年以来同期最少。持续的干旱导致江河、湖泊水位偏低，水体面积明显减少，这些地区的农业生产受到影响，部分地区出现饮水困难。为了给这些受旱地区增加降雨，缓解旱情，这些地区的各级气象部门根据天气监测的情况，利用出现的对于人工降雨有利的天气条件开展了大规模的空中和地面增雨作业。据统计，5 月 21 日 8 时至 23 日 8 时，湖北、湖南、江西、安徽、江苏、浙江共开展人工影响天气地面作业 334 次，发射炮弹 3422 发，火箭弹 854 枚。其中湖北省实施了高密度、大范围的地面高炮火箭人工增雨抗旱作业，共开展地面人工增雨作业 252 次，发射火箭弹 584 枚，炮弹 3352 发，同时开展飞机人工增雨作业，这些措施对缓解干旱起到了很好的效果。①

灾害天气不完全是自然条件下形成的，人类自身的活动

① 《科技日报》：《国家气象局：人工降雨解长江中下游"干渴"》，《科技传播》2011 年第 6 期（上）。

也是灾害天气形成的主要原因。这一认识已广为世界各国所认同，2010年墨西哥坎昆气候大会所通过的《气候公约》和《京都议定书》所要求的就是人类要对自身的行为作出制约和规范，避免导致气候的进一步恶化。除了天气变暖之外，雾霾也日益成为影响人类健康和正常活动的破坏性天气。人工制成灾害天气现象不可忽视。中国社会科学院2013年发布的《气候变化绿皮书：应对气候变化报告（2013）》指出，社会化石能源消费增多造成的大气污染物排放逐年增加，是我国近年雾霾天气增多的最主要原因。其中我国25个省份被雾霾缠身，平均雾霾天数逼近30天，较同期偏多10.3天，创52年来之最。在2014年的各省发布的政府工作报告中，大多数政府明确提到治理雾霾天气和监测PM2.5，有的省市还提出控制的标准。2013年首提"治霾"的江苏在2014年的政府报告中动用到"铁腕治污"一词，称2014年将采取更加有力的措施，而大气污染防治将是重中之重。①

　　生态环境是人赖以生存的基础，气候变化是联结全球的，一旦恶劣天气来袭人们将难以逃脱影响。因此为了让气候能有利于人类生存，为了人类自身的健康和可持续发展，作为人类生活共同体的国家必须有所为而有所不为。何时当为何时不当为，其标准应是坚持自然规律，以保护生态环境优先，保护生态就是保护人类的生存和可持续发展。以人为本的基础应当通过生态环境的维护来确立，这里的人不应区分阶级、界别，因为人人应享有适宜生存的环境本身就是人权的要求。

---

① 参见社科院发布《气候变化绿皮书》http://news.gmw.cn/newspaper/2013-11/05/content_2364554.htm。

政府利用有效的技术条件来影响天气，其目的正是为了保障民众的生存，因此无论是节能减排还是利用技术影响天气，其服务民生的宗旨是显而易见的。毫不夸张地说，气候灾害会引起环境恶化，资源匮乏，地区之间甚至国与国之间都会因为抢夺资源而引发冲突、战争。人工影响天气的立足点是保障民众更好地生存，这也是服务型政府建设的基础和目标，这一目标同时成为法治建设的核心理念。

（二）人工影响天气法制构建的公益性基础

我国《气象法》第3条中规定，"气象事业是经济建设、国防建设、社会发展和人民生活的基础性公益事业，气象工作应当把公益性气象服务放在首位。"这说明作为一项重要的气象活动，人工影响天气行为其公益性是法定的，然而公益的表述在文意表达上仍然是含混不清的，因为多大程度上算是公益？或者说国家利益与地方利益是否都算是公益？某地的利益是否算公益？如此之类的问题可以有很多，公益性强调的是公共利益的问题，然而基于公共利益其本身即具有概念的模糊性和利益的相对性，因此，在服务行政中，不能缺乏利益协调的制度框架。不同地方政府之间，不同的居民之间，城市与农村之间，基于自身的情况和需求，对人工影响天气有着不同或者相同的利益诉求。不同之处可以体现为，某一地方需要大量雨水补充水资源，而另一地方则需要持续的晴好天气以便进行城市基础设施建设。即如北京需要蓝天白云的良好气候来迎接参与奥运会、APEC会议的宾客，此时政府对于一些生产企业进行停产，甚至是对供暖设施基于排放的限制而暂时限制供暖，这时的利益则产生了明显的冲突，满足了排放的要求就无法满足市民供暖的需要。或者亦会出现各地都有同样的需求，无论是哪种情形，利益协调都是需要的，否则将会基于利益的不可调和引发社会冲突及矛盾。

我国《气象灾害防御条例》第 3 条提出，"气象灾害防御工作实行以人为本、科学防御、部门联动、社会参与的原则。"人工影响天气行为是利用现代科学技术影响自然的行为，减轻和避免灾害的发生始终是行为公益性的要求和核心目标，气象灾害的预防需要的是科学的引导和技术的支撑，科技与法治在此有机地融合在一起，对于气候资源的开发利用、气候的预测以及对人工影响天气的影响评估等内容需要以法治机制予以实施。部门联动是应对紧急性灾害时政府有关部门所需要进行的工作，尤其是面对系统性强、涉及面广、关注度高的活动，即如人工影响天气的行为，不仅需要各部门配合，实际上也涉及各部门的职责领域。气象行为直接关涉农业活动、经济建设、社会发展和人民生命财产的安全，因此任何单边行为都是难以起到良好的效果的，必须要充分发挥公众参与的互动机制才能让人工影响天气的行为真正造福于人民、让人类生活与环境资源的调配和谐发展，走生态文明的道路，利用现代科技和大数据资源实现真正的科学发展。

（三）人工影响天气行为的政府组织间法律关系

从人工影响天气行为的制度运作以及其作用的对象气候特性来看，涉及的一个大问题即是行政协调与合作。气候影响既是全局性又有局部性，因此这个合作框架中涉及中央行政主体、地方行政主体，地方与地方行政主体之间的协调与合作；政府与其所属部门之间，所属部门相互之间，具体的气象行政业务部门与具体实施人工影响天气行为的主体之间的行政关系的梳理。之所以有那么多关系，是基于气候资源本身的特性决定的。气候资源很难说是属地的，因为不管是风还是云雨都是流动着的，在自然条件下，只要具备了相应的环境则会在某一地点形成特定的气候现象。气候的变化不可能按照行政区划而割离。因此，一个地方对气候的影响会进而辐射到其他地区。人类要达到人工影响天气的切实效果，需要的不仅是某一地方政府及其所属气象部门的作业，而需要跨地域的配合与协作，甚至从国家层面进行调度。这种协调、调度机制是一种行政方式，但是我们更需要强调它的法治化。尽管这种协调机制一直在发挥着它的功能，但主要依靠的是行政方式进行。如横向同级政府间目前也有较多的交流与联系，然而其弊端也是显而易见的。"一方面，这种合作机制多见于相同级别政府之间的互往，因缺乏共同利益驱使，有时变得可有可无，无法形成长效机制。另一方面，因权利义务不固定，行政长官更换等原因，容易失去持续效应，归于'虎头蛇尾'。"①

对于在制度上完善政府组织之间的协调与合作关系已经成为地方各级政府的共识。从国家层面上也十分强调地区性协调合作机制的构建，如作为中国经济发展的"三大引擎"，京津冀、长三角和珠三角三个地区较早地被纳入环保考核体系之中。这三个地区 2013 年都分别明确了联防联控机制。2013 年 10 月下旬，京、津、冀、晋、蒙、鲁六省区市领导在北京共商区域协作、联防大气污染。会上，京津冀及周边地区大气污染防治协作机制明确。2014 年 1 月 7 日，由长三

---

① 谭波：《中原经济区框架内政府合作机制之拓新——法治的视角》，载《河南工业大学学报（社会科学版）》2011 年第 6 期。

角三省一市和国家八部委组成的长三角区域大气污染防治协作机制启动，并在上海召开第一次工作会议。^①这些协作机制需要通过立法形成制度，实际上在不少的法律中已经强调了建立行政协调机制要求，但是缺乏协调机制具体的操作性规定，因此目前需要在立法中确定和完善行政协调操作性的机制运作。

（四）人工影响天气的法治实现机制架构

我国宪法明确要求国家要对自然资源合理利用，要实现合理、科学地利用气候资源，就需要进行制度建设，并形成机制，配备相应的人工影响天气的法治体系，建立健全人工影响天气的法规范体系、人工影响天气的法治实施体系以及针对人工影响天气行为的监督救济体系。从现有的法规范来看，人工影响天气主要涉及的法律制度有以下几种。

1. 人工影响天气规划制度

规划制度对于政府行政的影响日渐加强，尤其是在城乡规划上。人工影响天气规划制度在《人工影响天气管理条例》中得以确立，但是其法治化的程度仍旧不足，因为对于规划的程序，各部门在规划中的责任并没有得以明确，相对于《城乡规划法》，就其他行政管理领域工作所进行的规划还没有这样一部统一法律来规范。因此人工影响天气规划行为的法律效力并不明确，对规划的争议如何处理自然也没有相应的法治方式。当不同规划之间发生冲突时，立法所给出的解决方式为规划应当协调，协调是需要标准和程序的，因此服务

---

① 《地方政府工作报告盘点：15省提治霾河北篇幅多》，http://news.qq.com/a/20140122/017380.htm?pgv_ref=aio2012&ptlang=2052。

型政府构建中行政协调需要进一步法治化。

2. 人工影响天气行政许可制度

人工影响天气中的行政许可对于转变政府职能，保障人的生命、健康与财产安全，维护社会公共安全有着重要的作用。从国外一些国家的经验看，政府主要是行使对人工影响天气的许可权，具体实施人工影响天气作业的则是一些商业性、营利性的公司。我国尽管在人工影响天气制度上并未放开，仍然是由政府主导下组织实施，但是未来的发展方向会逐步放宽，具备技术能力和条件的公益性组织或民办非企业性组织，甚至最终商业组织也能参与其中。因此对于实施作业的组织资格，从事专门业务人员的从业资格的许可对于人工影响天气作业的安全性起着安全过滤器的功能。另外对于人工影响天气的实施行为本身是否应有一个行政许可程序目前立法上并未明确，目前主要是以行政决策方式来决定。在主体进一步分离之后，如由社会组织来实施人工影响天气行为，必须要经过行政许可程序。目前地方立法中，人工影响天气行为是允许针对客户需求来提供的，如《内蒙古人工影响天气管理办法》《广西壮族自治区人工影响天气管理办法》中就有在保障公益性服务的基础上，可以根据单位和个人的特殊需要开展有偿式的人工影响天气的作业活动，此时的作业就应当设定行政许可，然而目前各地的立法中均未明确这种针对客户的人工影响天气行为是否需要行政许可。

3. 气候环境影响评价制度

人工影响天气行为实施时是否会造成环境影响目前是存有疑问的。另外人工影响天气对环境的改善作用也在实践中得以验证。这些影响应当由专门的制度固定下来，一方面可以对人工影响天气行为的效益、功能进行有效的评估；另一方面可以避免环境危害的发生，让气候影响评估成为人工影响天气行为的技术指导。这项制度目前在《人工影响天气管理条例》中仅是要求对实施完结之后的人工影响天气行为进行评估，实际上在事前的风险评估也同样重要，但目前在立法中并无此要求。在政府及相关部门作出人工影响天气规划时，气候环境影响评估应当成为规划编制的一项重要依据。在具体实施人工影响天气作业之前的决策中，也应有气候环境影响评估这一环节。

4. 人工影响天气信息公开制度

美国宪法学家孙斯坦曾经多次强调，在一个信息流动自由的地方不会发生饥荒，因为一旦有人挨饿，通过发布求助信息就会有其他的人或组织向其提供救助，可见信息公开的重要性。人工影响天气有信息公开的制度要求，因人工影响天气行为自身作业方式存在着较大的风险性。信息公开对于预防风险起着非常重要的作用。但《人工影响天气管理条例》缺乏信息公开的程序性规范，大多数地方性立法也同样欠缺信息公开程序规范。对于一项服务民生的活动，民众却对该行为缺少行使知情权的程序保障，这显然是有悖于服务型政府的宗旨的。

5. 人工影响天气的突发事件应急制度

人类的生活自身充满了不确定性和风险，为了避免风险的发生或者减少风险发生时造成的危害，必须要对于一些非常态的突发性事件设计预防的措施。这就需要我们建立突发事件应急制度。人工影响天气本身不是突发性事件，但灾害天气则属于突发事件的范畴。所以，人工影响天气可以作为一项应对突发性天气状况的应急措施。而人工影响天气的实施又会形成一种新的突发事件的事因，因为在实施影响天气作业中有诸多不可控的因素会形成始料不及的危险发生。只有在制度上形成应对突发性事件的制度，应急法治机制真正能够运行，我们才能较为从容地应对风险。

以上这些制度为建立和完善人工影响天气的服务性，为服务型政府配备了法治的实现机制，也为人工影响天气行为与服务型政府之间搭建了通往法治的逻辑关联桥梁。

三、小结

从人工影响天气行为自身的特点以及行为的内容来分析，其涉及政府中的各项权力的运行。宪法是规范国家权力的根本法，服务型政府的法治架构是由宪法来塑造的。宪法所确立的经济制度中，人工影响天气的客体——天气资源的权利属性尽管存在着争议，但是国家有权对其进行管理和利用则是由宪法所确认的不争的事实。从更为务实的角度分析，目前更为迫切需要解决的并不是对于天气资源权属问题的争议，而是对人工影响天气行为法治制度和机制的建构和完善，让法治促成服务型政府建成的措施就是通过法律制度让人工影响天气行为依托于法治的轨道前行。服务型政府的面向为民众，目前在服务型政府建构中，民意的交互以及公众的参与制度建构较弱，影响了服务型政府建设的效果，这在人工影响天气的制度检讨中尤为突出。从宪法所确立的权力关系而言，人民才是权力的拥有者，因此没有公众参与的人工影响天气行为的服务性是难以得到有效保障的。

第三章　服务型政府视角下人工影响天气法律制度的实践及现状分析

人工影响天气行为与服务型政府之间存在着法治的逻辑联结，这意味着我们要把握人工影响天气的法律制度，必须以服务型政府的视角来解读这一特殊的行政法行为。目前的现实是，人工影响天气行为不仅在行政法理论上没有得到厘清，在实践中也欠缺相应的行政法制度予以保障。人工影响天气行为到底是属于哪一类型的行政法行为，应当通过何种程序予以规范？其又涉及哪些行政法制度？这些问题都需要在进一步研究中予以厘清。目前在理论与制度上形成的落差，导致了实践中由于人工影响天气行为所造成的诸多法律纷争没有能通过法治机制予以解决，因此对人工影响天气行为的行政法定位是本研究需要解决的核心理论问题。

一、我国实施人工影响天气的政策及措施

　　人在自我生存的过程中学会了利用各种工具，并发展出了日新月异的科学技术，实现了生产力的提升，使得人类可控制和利用的资源种类日益增多。然而人口增长、城市化进程的加速与工业化的发展，给人类赖以生存的环境带来了巨大的影响，也造成了资源的流失和污染。人工影响天气的行为即是一种利用科学技术来进行一定程度的资源调控和减灾避害改变自然的行为。从行为本质分析，很大程度上，人工影响天气行为是政府为了满足人民的生活、生产需要，而利用技术手段履行生存照顾职责的服务行政行为。

　　自然灾害时刻威胁着人类的生存及发展。"据有关资料统计，在1992—2001年的10年里，气象灾害及其衍生、次生灾害占各类自然灾害的90%左右，20多亿次人口受影响。"①而"我国是世界上自然灾害种类最多、活动最频繁、危害最严重的国家之一。其中，气象灾害活动所造成的经济损失占所有自然灾害所造成的经济损失的71%左右，高居自然灾害首位，气象灾害的防御工作已成为全社会的一项重要任务。气象灾害包括大气直接产生的灾害和衍生灾害两种。前者包括台风、暴雨洪涝、干旱、冰雹、雷电、龙卷风，寒潮、低温冷害和冻害，高温热害，沙尘暴和扬沙，连阴雨以及大风、大雾等。后者是指大气作用于其他非大气系统产生的灾害，如风暴潮、地质灾害、森林草原火灾、农林病虫害、空气污

---

① 国务院法制办公室、中国气象局：《气象灾害防御条例释义》，中国法制出版社2010年版，第95页。

染等灾害。"① 根据我国的《气象法》和《气象灾害防御条例》的定义，所谓气象灾害是指台风、暴雨（雪）、寒潮、大风（沙尘暴）、低温、高温、干旱、雷电、冰雹、霜冻和大雾等所造成的灾害，另外在《气象灾害防御条例》中针对近年来气象灾害防御工作中出现的霾和空间天气灾害等气象状况，基于其对于国计民生产生的重大影响，规定了预防措施，这实际上是对气象灾害定义的扩展。

　　我国人工影响天气的作业从 20 世纪 50 年代以来就已经开始。"1958 年，吉林省这年夏季遭受到 60 年未遇的大旱。这次作业用的是食盐，由空军二航校的飞行员周正驾驶一架杜－2 型轰炸机，在云层播撒了将近 200 千克。杜－2 型轰炸机是当时解放军的主力机型，这次行动也是一次准军事行动。"② 随着技术的推进，目前在我国具体针对气象灾害所进行的防灾减灾实践中，人工影响天气行为是普遍采用的措施，因此从国家层面上，对人工影响天气行为在 2002 年便进行了立法，当时是由国务院专门制定了《人工影响天气管理条例》，而通过发布政策性文件来对气象工作尤其是人工影响天气工作来予以规范的做法由来已久。国务院早在 1992 年便发出过《国务院关于进一步加强气象工作的通知》，在通知中提到气象工作不仅在人工影响局部天气的服务中体现出显著效益，而且在防灾减灾、合理开发农业资源、预测农作物产量、节水节能、依靠气象科技振兴农业、帮助贫困地区脱贫致富和

---

① 辛吉武、许向春：《我国的主要气象灾害及防御对策》，《灾害学》2007年第 3 期。
② 《人工影响天气概述》，http://www.weather.com.cn/zt/ty/1259209.shtml。

振兴地方经济中，拓宽了服务领域，进一步发挥了气象科学技术在经济建设尤其是农业发展中的作用。当时国家对人工影响天气的功能关注视角上更多立足于保障农业的发展领域。这也与我国自古以来属于农业大国的背景相适应，政府必然会将注意力主要集中于农业生产的保障上，国家行政资源用于保障农业自是理所应当的。随着工业化和城镇化的发展以及我国参与国际事务的广度和深度，人工影响天气的领域也在逐渐拓展。

2005年，国务院办公厅发布了国办发〔2005〕22号文件《国务院办公厅关于加强人工影响天气工作的通知》（以下简称《通知》）。《通知》中指出，人工影响天气是人类运用现代科学技术，对局部大气施加影响，实现增雨雪、防雹、消雨、消雾、防霜等趋利避害目的的活动。近年来，我国人工影响天气工作在抗灾减灾、缓解水资源短缺和生态建设等方面发挥了重要作用。但在人工影响天气活动中也存在着缺乏长远规划、科技水平不高、统一协调和指挥机制尚未形成等问题。因此，该通知强调，我国开展人工影响天气工作，不仅是农业抗旱和防雹减灾的需要，而且是水资源安全保障、生态建设和保护等方面的需要，对于实现人与自然的和谐，促进经济社会的可持续发展，具有十分重要的意义。人工影响天气行为属于公益性事业，其资金投入以地方政府为主，并需要健全规章制度，明确责任。

2007年《国务院办公厅关于进一步加强气象灾害防御工作的意见》中提出，因近年来全球气候持续变暖，各类极端天气事件频繁爆发，造成了严重的损失和影响，为了最大程度减轻灾害损失，确保人民群众生命财产安全，应切实增强气象灾害的应急处置能力，积极开展人工影响天气作业活动，包括：在干旱缺水地区积极开展人工增雨（雪）作业，努力缓解城乡生活、工农业生产、生态环境保护用水紧张状况；进一步完善防雹作业布局，加强人工防雹工作，减轻雹灾对农作物和农业设施的损害；应充分利用有利的天气条件，对森林草原火灾、污染物扩散、环境污染事件等重大突发公共事件开展人工影响天气应急作业。另外应关注人工影响天气的人才与技术建设，进一步加强人工增雨、防雹、防雷、防汛抗旱、灾害救助等各类气象灾害防范应对专业队伍和专家队伍建设；改善技术装备不断增强应对各类气象灾害的能力。

2012 年 8 月，国务院办公厅又专门针对人工影响天气下发了《国务院办公厅关于进一步加强人工影响天气工作的意见》（以下简称《意见》），在意见中对于我国人工影响天气的成就予以肯定，指出我国近年来积极运用现代科技手段，开展人工增雨（雪）、防雹、消雾、消云减雨、防霜等作业，取得了明显成效，在服务农业生产、缓解水资源紧缺、防灾减灾、保护生态以及保障重大活动等方面发挥了重要作用。并将人工影响天气行为功能目标定位为：作为防灾减灾、农业公共服务体系建设和水资源安全保障的有力手段、重要举措和有效途径。而要实现目标则需要：加快关键技术的科技创新，强化基础设施和装备建设，完善体制机制，不断提高作业能力、管理水平和服务效益，为经济社会发展和人民群众安全福祉提供坚实保障。《意见》提出：人工影响天气要坚持以人为本，把保障人民群众生命财产安全放在首位，最大限度降低灾害损失。提出人工影响天气的重点作业领域在于：第一，农业生产领域。促进粮食等重要农产品实现减灾增产；第二，利用开发空中云水资源。在重点江河流域和大型水库汇水区开展增蓄性人工增雨（雪）作业。在生态脆弱区域等重要生态功能区，围绕生态保护与建设需要，开展常态化人工增雨（雪）作业；第三，突发事件应对和重大活动保障。将人工影响天气技术的采用作为应对我国可能出现的大范围森林草原火灾火险、异常高温、严重空气污染等事件的应急工作机制；对机场、高速公路等重要交通设施有针对性地开展人工消雾作业。加强技术储备和试验演练，适时开展局部地区人工消云减雨作业，保障重大活动顺利开展。

从人工影响天气活动的机构设置上，在目前全国逐步形成了以气象部门组织实施、地方财政投入为主的国家、省、市地、县四级人工影响天气业务制度的基础上，各省的"人工影响天气办公室"附属于当地气象部门。国务院办公厅在《国务院办公厅关于进一步加强人工影响天气工作的意见》中要求要健全国家、区域、省、市、县五级作业指挥系统，并加强军队与地方间的协作，建立作业空域划定、跨区域作业协调机制，提高作业装备的全国统一调度和跨区域指挥能力。这说明人工影响天气的行为主体是政府及政府的相关部门并涉及军事主体，天气气候存在着地域性，生态环境具有相互链接性和循环性，尤其是水与大气，需要更高层次、更大范围的协调，我国目前的这种人工影响天气作业的体制是否是科学合理的，也需要进一步研讨。

以上内容给我们呈现出我国在人工影响天气活动方面的一个基本脉络，从1992年至2012年，20年的时间，随着技术的进步、制度与观念的更新，目前我国的人工影响天气的作业已从最初的以满足于农业用水，向防灾减灾，维护生态环境，保障民生，为国民提供更为美好的生活、生产秩序和环境目标迈进。并且成为中央或地方在特定区域开展一些大型活动，塑造区域性良好天气状态的重要手段。然而政府在强调对特定区域予以气候保障的同时，往往会忽略因为人工影响天气而遭受影响的局部和个体的利益受损的情况。在天气的人工影响上，政府的行为管制会导致一些公民、法人和组织的行动受到限制。

对于由人类活动而形成的天气情况，自然可以通过限制人们的活动而形成人工影响天气的状态，这其中较为典型的事例莫过于 2014 年北京 APEC 会议期间北京市营造良好天气的措施。在 2014 年 10 月到 11 月的北京，10 月 19 日，北京市处于严重的雾霾天气当中，来自世界各国的选手不得不在雾霾天气中跑完了北京马拉松比赛，而不到一个月，在 11 月北京举行的中国 APEC 峰会期间，北京的天空难得的蓝，被称之为"APEC 蓝"。

蓝天怎么来的？为何不到一个月天气能从雾霾转为蓝天？据称，这是政府通过史上最严格管控的方式营造而来。APEC 会议期间的北京市出现的蓝天白云，是通过京津冀三地联动同时进行严格管制的结果。北京市所采取的管控措施有：其一，机动车限行。11 月 3 日至 12 日进行机动车单双号限行，机动车尾号为单号的单日行使，尾号为双号的双日行使。公车每日全天停驶 70%；其二，单位放假。11 月 7 日至 12 日，在北京的事业单位放假 6 天；其三，工地停工。在 11 月 3 日至 11 日之间北京全市行政区域内的除了抢修工程之外，所有工地停工，不服从管理未停工的施工单位将会受到停止在北京范围内投标两个月的制裁。并且各个工地的施工单位被要求在停工期间要做好扬尘治理工作；其四，延迟供暖。11 月开始本是北京集中供暖的常规时间，但是相关供暖设备被告知在 15 日前不集中供暖；其五，集中种植植物。在 APEC 开会区域，政府组织力量集中种植了 52 万株苗木，而且周边的村民被要求在会议期间不能用柴火做饭，改用天然气。

属于联动地区的天津和河北等地在会议期间也实行机动车的单双号限行措施，山西、山东等大型污染企业在会议期间也同时被要求停产。①

通过这样严格的管控措施终于营造出了北京市短暂的好天气。这当然是人工影响天气的一大成功案例，然而这些影响天气的措施显然不是常态化措施，因此难以维系长久。以上措施也可以看出，仅就雾霾天气的产生而言，其中既有自然因素也有社会经济因素的共同影响。有专家指出，我国的雾霾天气的社会经济因素主要是因为政府对于能源技术进步的激励机制不足，导致我国形成了高煤耗为主的能源结构，产业化结构中重工业所占比例过大，以及我国在汽车等机动车的保有量不断提高的情况下形成的交通运输结构。全国各地城镇化、大量商品房开发、经济区建设导致当今的中国就像一个大工地，工地的扬尘成为雾霾日趋严重的重要原因②。雾霾这种严重污染的天气形成与现代人的生活、生产方式有着必然的联系，"休克式疗法"不能治本，要生态环境还是要经济发展又成为当下困扰我国经济社会发展的难点问题。

---

① 参见赵颖：《"APEC 蓝"从哪儿来？》，http://news.china.com/jiedu/1104-1/。
② 魏巍贤、马喜立：《能源结构调整与雾霾治理的最优政策选择》，《中国人口·资源与环境》2015 年第 7 期。

二、我国人工影响天气的法制概况

从国务院及国务院办公厅所下发的文件内容看，都在不断地强调要健全规章制度，要推进国家人工影响天气管理法规的修订工作，从国家层面到各部门、各地区都要完善配套的法规规章。实际上说明，国家层面也已在逐渐转向以法治思维、法治方式处理国家事务与地方性事务。

（一）从《气象条例》到《气象法》

以国家层面来力推人工影响天气行为的制度化、法治化，在我国的起步相对较晚，在处理气象事务方面直到 1994 年 8 月 18 日，国务院正式颁布实施了一部较为系统的气象行政法规——《中华人民共和国气象条例》，从该法规的框架看，主要涉及了立法宗旨、原则，气象组织机构、管辖，以及气象探测、预报与警报、气象灾害防御、气象服务与气候资源利用等内容。由于是第一次较为系统地对气象活动进行立法，也是新中国政府成立后推出的第一部气象行政法规，所以内容比较粗糙，有些内容还是未能触及，如气象知识产权的保护问题，气象活动的法律保障等未能涵盖。在《气象条例》实施了 6 年之后，在 2000 年 1 月 1 日，中华人民共和国第一部《气象法》正式实施，相较于之前颁布的《气象条例》，不仅是在法律位阶上进了一步，体系也完备了许多。

第一，从立法的宗旨来看，《气象法》所规范的行为包括了气象探测、预报、服务和气象灾害的防御、气候资源的利用以及气象科学技术研究活动，规范的目的在于为我国的经济建设、国防建设、社会发展和人民生活提供气象服务，这实际上也是《气象法》中对于人工影响天气所进行的法制定位。

第二，《气象法》强调了气象事业的公益性。气象工作中的公益性气象服务被放在了首要位置。公益性也即意味着气象服务面向性的广泛，不是针对个体或某个组织。对于从事气象事业的气象台站，立法要求它们应确保公益性气象无偿服务作为业务前提。当然，为了适应市场经济的时代背景，立法也提出气象台站可以依法开展气象有偿服务活动。

第三，《气象法》细化并明确政府与不同级别的气象机构的分工。对于政府的职责的规范中，《气象法》要求县级以上人民政府应当加强对气象工作的领导和协调，将气象事业纳入中央和地方同级国民经济和社会发展计划及财政预算，以保障其充分发挥为公众服务、为政府决策服务、为经济社会发展服务的功能，由此确立了气象工作的政府领导与协调责任。各级气象主管机构负责本行政区域的气象工作，气象主管机构实行的是双重领导体制，需要在上级气象主管机构和本级人民政府的领导下工作。气象主管机构从性质上看，应当是行政性的组织，主管气象台站。

《气象法》还在功能上区分了县市级气象台的职能，应当主要为农业生产服务，当然，对于县市以上的气象台站的功能主导是什么，《气象法》并没有具体说明。《气象法》中将人工影响天气纳入其第五章气象灾害防御中予以规范，这说明在立法时，国家对人工影响天气行为的关注点及其功能预设是在于对气象灾害的防御。对人工影响天气的政府职能及实施主体《气象法》做出了规定，其中包括了人民政府的领导职责，县级以上人民政府根据实际情况，组织开展人工影响天气工作，这是组织领导行为。国务院气象主管机构对全国人工影响天气工作进行管理与指导，地方各级气象主管机构负责制定人工影响天气作业方案，并管理、指导和组织实施人工影响天气的有关工作。在涉及人工影响天气行为中，还有一类是实施人工影响天气作业的组织。从组织到实施的职责规范上来看，人工影响天气是政府为组织者实施的一项活动，《气象法》已将气象活动定位为公益性活动，由此可见，由政府组织领导下所进行的人工影响天气行为均应秉承公益性的主旨。人工影响天气行为的公益性主要是体现在为预防、避免、减轻气象灾害而进行的行为，也是为社会提供公共性服务的行为。

从《气象法》立法宗旨看，已经能体现出该法是以服务型政府为塑形而制定的国家立法，它也同时取代了之前颁布的《气象条例》成为目前规范气象领域行为的最高法律规范。尽管《气象法》对于气象行为进行了规范，但是专门针对人工影响天气的只有一个条文，设置在该法的第五章"气象灾害防御"中，对于人工影响天气的行为实施和民生保障而言，其立法供给显然是远远不够的。在我国确立了全面建设社会主义法治国家的基本战略基础上，应更加强调人工影响天气的法治基础建设。在传统的思维中，我们很少将政府的服务型行为与法治联系起来，这也与长期以来人们对政府的认识有关，其实无论是服务型政府还是政府的服务型行为都更需要法治的保障，其原因在于，服务型行为并不是不涉及政府权力的行为，从《气象法》的内容看，也涉及公权力行政的运用。服务性行为自身也需要体现出公平、公正、公开的行政法治特点，如若没有法制的跟进，过多地放任自由裁量，服务型行为与强制性行为同样会导致行为的失范，从而造成权益的侵害。

（二）《人工影响天气管理条例》

2002年3月13日国务院第56次常务会议讨论通过了《人工影响天气管理条例》，该条例第1条即明确了条例的立法依据为《气象法》，立法的目的则在于加强对于人工影响天气工作的管理。该条例第3条明确指出，人工影响天气是为了避免或者减轻气象灾害，合理利用气候资源，在适当条件下通过科技手段对局部大气的物理、化学过程进行人工影响，实现增雨雪、防雹、消雨、消雾、防霜等为目的的行为。避免或减轻气象灾害对于民众的生存保障而言无疑是非常必要和迫切的现实需求，但是这里的《人工影响天气管理条例》的立法立足点在于对人工影响天气工作的管理。尽管在理论探讨上可以认为管理也是为了更好地服务，但其基础必须首先将管理的目标定位为服务，而不能是管理所附带出的服务效果，因为这样的行为结果显然是不同的。另一个问题也是处理管理和服务的关键点，即服务的面向性。到底是以为谁服务作为宗旨。我国历史上的帝国王朝，皇帝为国家的主人，官吏、民众被称之为臣民，都是要为皇帝为统治象征的国家政权服务。而现今我们已经确立了人民代表大会制度的政权组织形式，服务的面向理所应当的是为人民服务。

如从服务型政府的法治保障来看《气象法》，实际上体现政府在人民的生存保障及社会保障方面的责任仍旧有所欠缺。所欠缺的是与服务型政府相对应的公民的权利，及权利的具体内容的保护。作为内容完整及完善的《气象法》以及专门针对人工影响天气行为的行政立法《人工影响天气管理条例》在法的设定环节就应当是两方面的结合：其一，是对政府所应履行的职责和任务内容及程序的法制规范；其二，是对公民及社会组织的权利保障的要求及保障的具体内容，权利救济的程序、方式和途径。从我国目前的政策导向以及现存的人工影响天气的法律制度建设上看，整体而言，制度更多的是关注于人工影响天气的操作层面规范。从《气象法》来看，在其八个章节中，主要是强调国家建设和管理气象事业的目标，围绕着气象机构组织关系的气象行政管理体制设置，气象设施的建设与管理关系，气象探测、气象预报与灾害性天气警报、气象灾害防御、气候资源开发利用和保护，以及相关行为主体违反国家气象行政管理时所应承担的法律责任等几大块内容。必须承认，将以上这几块内容做好，的确能起到保护民生，推进社会稳定发展的作用，但也不能不说，以其目标所建构的法体系主要以行为管制为关注点，难以对因人工影响天气行为所导致的公民、法人或其他组织的人身、财产损失给予充分的权利救济。也即是对于以上提及的人工影响天气的法设定的两方面结合来说，缺失了对于公民、法人或其他组织权益保护的内容。

"人工影响天气是一项科技含量高、影响面广而且危险性强的活动。何时可以进行人工影响天气作业，进行何种作业，怎样进行作业，作业可以达到如何效果都必须经过科学的论证和计算。天气对包括农业、建筑业和人民群众的日常生活在内的社会各个方面都会有着不同程度的影响。在进行作业过程中会使用高炮、火箭等准军事装备，如果在实施过程中出现失误，将有可能造成十分严重的后果。所以对人工影响天气的活动必须有严格的规范和制度。"①《人工影响天气管理条例》对《气象法》有关人工影响天气的规范管理制度作出了进一步的细化，但条例并没有能解决更多的问题，《气象法》所存在的问题，条例依旧存在。显然，无论是《气象法》还是《人工影响天气管理条例》都还有很大的完善空间，从法治政府与服务型政府的构建来说，完善人工影响天气法制度不仅是必要的，也是必需的。

（三）人工影响天气的地方立法

通过北大法宝中国法律检索系统查询，在地方的人工影响天气立法中，目前有3件地方性法规：（1）《河南省人工影响天气管理条例》，2003年1月1日实施。（2）《哈尔滨市人工影响天气管理条例》，2004年2月1日实施；（3）《天津市人工影响天气管理条例》，2017年9月1日实施。

地方政府规章目前有效的有20件：（1）《陕西省人工影响天气管理办法》，2017年4月1日实施；（2）《长春市人工影响天气管理办法》，2014年11月1日实施；（3）《云南省人工影响天气管理办法》，2014年3月1日实施；（4）《广西壮族自治区人工影响天气管理办法》，2014年3月1日实施；（5）《新疆维吾尔自治区实施〈人工影响天气管理条例〉办法》，2013年3月1日实施；（6）《甘肃省人工影响天气管理办法》，2012年6月1日实施；（7）《重庆市人工影响天气管理办法》，2011年5月1日施行；（8）《河北省人工影响天气管理规定》，2011年2月1日施行；（9）《吉林省人工影响天气管理办法》，2011年3月1日施行；（10）《内

---

① 钮敏：《气象法理论与应用问题研究》，气象出版社2009年版，第202—203页。

蒙古自治区人工影响天气管理办法》，2011 年 1 月 2 日施行；
（11）《西藏自治区人工影响天气管理办法》，2008 年 3 月
1 日施行；（12）《宁夏回族自治区人工影响天气管理办法》，
2008 年 1 月 1 日施行；（13）《辽宁省人工影响天气管理办法》，
2007 年 10 月 10 日施行；（14）《青海省人工影响天气管理
办法》，2007 年 2 月 1 日施行；（15）《湖北省人工影响天
气管理办法》，2007 年 2 月 1 日施行；（16）《山西省人工
影响天气管理办法》，2006 年 10 月 18 日施行；（17）《西
安市人工影响天气管理办法》，2005 年 10 月 1 日施行；（18）《四
川省人工影响天气管理办法》，2005 年 1 月 1 日实施；（19）《贵
州省人工影响天气管理办法》，2001 年 12 月 1 日实施；（20）
《江西省人工影响天气管理办法》，2000 年 12 月 29 日实施。

　　这些地方立法均是以《气象法》和《人工影响天气管理
条例》为上位法依据制定的，因此在立法宗旨上均是以对人
工影响天气实施管理，立法的名称上无一例外地使用管理条
例、管理办法或管理规定等名称。当然随着法治国家、法治
政府的理念深入，比较最早实施的《江西省人工影响天气管
理办法》和最近实施的《长春市人工影响天气管理办法》在
人工影响天气的程序上可以看出明显的进步，较为明显的进
步在于长春市的人工影响天气管理的政府规章中在人工影响
天气的程序上较江西省的规章增加了实施人工影响天气作业
时，气象主管机构应当提前向社会发布作业公告的要求。公
告内容为：（1）发布作业公告的依据；（2）开展作业的时段；
（3）作业影响的区域；（4）作业所用的高射炮、火箭等设备；
（5）落地未自毁的故障炮弹、火箭弹及残留物的处理和联系
方式等内容。《天津市人工影响天气管理条例》中提出了开

展人工影响天气工作时应当加强与北京市、河北省等周边地区的协作，实行区域间动态监测和联防联控，合作进行云水资源开发利用的研究。

（四）人工影响天气的配套法规范

国务院在 2010 年 1 月 20 日制定通过了《气象灾害防御条例》，这是继《人工影响天气管理条例》之后国务院出台的第二部有关气象的行政法规。可以说该条例针对之前的《气象法》及《人工影响天气管理条例》而言在立法理念上有了长足的进步。《气象法》在立法宗旨上将为经济建设、国防建设、社会发展和人民生活提供服务确立为气象事业的宗旨。经济建设排在第一位，体现的是一切以经济为中心的立法观念。《人工影响天气管理条例》的立法宗旨为规范人工影响天气行为的管理。《气象灾害防御条例》第 1 条则非常鲜明地将其宗旨确定为：为了加强气象灾害的防御，避免、减轻气象灾害造成的损失，保障人民生命财产安全。

《气象灾害防御条例》第 3 条所确立的气象灾害防御工作的原则为：以人为本、科学防御、部门联动、社会参与。应该说这个原则的确定与服务型政府的本质要求是完全契合的。国家发展的根本目标应当是保障国民的生存与发展、让国民有尊严地生存。在确立国家及政府的工作目标时，人权应当是首要考虑的因素，严格管控也应从这一因素出发。无论是《气象法》还是《人工影响天气管理条例》到地方的人工影响天气立法有一个突出的特点，就是立法所体现出的是较为明显立法的部门倾向。其是以气象部门为核心的，而无论是天气状况的人工控制还是气象灾害的预防和抢险，均需要不同部门的密切配合，更需要社会力量和广大公民的支持。

在《气象灾害防御条例》的立法上，则考虑到了这一问题，应时提出了"部门联动、社会参与"的基本原则，在其条文第 5、6 条中也提出了要求，气象主管机构和政府有关部门要按照职责分工共同做好气象灾害防御工作，在涉及两个以上行政区域的有关地方政府及政府有关部门应当建立联防制度，加强信息沟通和监督检查。

人工影响天气具有减灾防灾的功能，但是其功能受到外界气候条件及气象科学技术发展水平的限制，在大部分气象灾害面前，人类的能力还是较为有限的，因此必须立足于防范。

《气象灾害防御条例》提出了防范气象灾害的具体措施：（1）向全社会普及气象灾害防御知识，提高公众的防灾减灾意识和能力；（2）国家鼓励开展气象灾害防御的科学技术研究，支持气象灾害防御先进技术的推广和应用，加强在提高气象灾害防御领域的国际合作与交流；（3）要求公民、法人和其他组织参与气象灾害防御工作；（4）县级以上政府应组织气象等有关行政部门开展本行政区域内的气象灾害普查，建立气象灾害数据库，按照气象灾害种类进行气象灾害风险评估，根据气象灾害分布情况和气象灾害风险评估结果，划定气象灾害风险区域；（5）国家及县级以上地方政府，应根据气象灾害发生发展规律和现状、防御原则和目标、气象灾害易发区和易发时段、防御设施建设和管理以及防御措施等内容编制气象灾害防御规划；（6）县级以上政府及部门要编制气象灾害应急预案；（7）地方各级政府要根据本地区气象灾害特点组织进行气象灾害应急演练；（8）针对风灾（大风、沙尘暴、龙卷风、台风）等多发地根据本地实际加强海塘、堤防、避风港、防护林、避风锚地、紧急避难场所等建设和检查，做好人员安全转移的准备工作；（9）地方各级政府、有关部门和单位应当根据本地的降雨情况，定期组织开展各种排水设施检查，及时疏通河道和排水管网，加固病险水库，加强对地质灾害易发区和堤防等容易出现险情地段的巡查；（10）针对降雪、冰冻天气，地方各级政府及有关部门和单位应加强对电力、通信线路的巡查，做好交通疏导、积雪或冰冻的清除、线路维护等准备工作，有关单位和个人应当根据本地降雪情况做好危旧房屋加固、粮草储备、牲畜转移等准备工作；（11）地方各级政府、有关部门及单位做好高温预防工作；（12）各级政府有关部门及单位应当加强对机场、港口、高速公路、航道、渔场等重要场所和交通设施的大雾、霾的检测设施建设；（13）做好各类建（构）筑物、场所和设施的防雷工作。

从目前的立法概念看，人工影响天气是利用科技手段针对天气条件来影响天气，《气象灾害防御条例》则更强调通过预防的措施来减轻灾害天气的破坏力，人工影响天气在条例中也是作为一项减轻气象灾害破坏的措施。因此可以说《气象灾害防御条例》也是作为人工影响天气的法规范的重要法体系补充。另外，《大气污染防治法》在第六章重污染天气应对措施中将人工影响天气作为出现大气污染突发事件时的紧急应对措施之一。由此拓宽了人工影响天气对于人为导致的重污染天气的处置力度，也是落实宪法所规定的保护和改善生活环境和生态环境，防治污染和其他公害的国家责任。

（五）人工影响天气法体系的功能导向

我国拥有地方立法权的主体众多，而目前只有3件地方性法规和20件地方政府规章对人工影响天气进行立法规范，尽管各地均有涉及人工影响天气的政府规范性文件，但是其法体系的覆盖至少从目前的数量上来看仍旧不够全面。从人工影响天气的历史发展脉络看，其由最初的非常态化、应急性的行为向常态化行为转变。从最初的只针对防灾救灾向对云雨资源进行利用、对生态环境的保护转变。可以说人工影响天气已经成为服务型政府提供公共服务中非常重要的职责，已经成为国家和地方共同协调、发挥着重要职能的基础性公益服务事业。但是目前的中央和地方立法都未能完全体现出其服务型政府的导向。因此在巩固目前的立法成效的基础上，应按照服务型政府的发展目标对于人工影响天气法体系进行完善。

据悉，国务院已将《人工影响天气管理条例（修订）》列入了 2015 年国务院立法中的立法修订项目，并将其分入有关保障和改善民生、促进社会和谐稳定的立法项目分类之中，由中国气象局起草。由部门负责起草法律及行政法规、地方性法规、规章在我国已经成为惯例，这种方式对于特定领域的专业性的确能较好地通过立法得以体现，但过于凸显部门执法和部门利益的弊端也同样明显。从整体上而言，人工影响天气既有气象部门的特定技术操作又有通过对于特定人类行为进行管理和对生态环境进行保护的持续性、常态化保护措施。仅靠气象部门来进行立法显然无法覆盖全面。可持续发展的气象资源利用必须更多地靠法治协调机制来予以保障。

尽管从国家的政策导向与《气象法》的法规范要求人工影响天气行为立足于避免或者减轻气象灾害，合理开发利用空中云水资源，这种功能不仅是我们的一种期许，它也是经过国内外的科学试验和大量的实践证明过的。在饱受天灾肆虐的人们对人工影响天气寄予厚望的同时，我们也应理智地认识到这种影响天气的作业也存在着一定的风险或者说潜在的危害。日本的《东京新闻》2009 年 3 月 1 日曾报道，人工降雨是一项高难度的技术，需要解决不少课题。课题之一是在大气中播撒降雨物质问题。琉球大学教授真木太对中国人工降雨时大量使用碘化银表示担忧。他认为可以少量使用碘，但大量使用会引发问题。碘化银有很低的毒性，还存在生物浓缩的问题。如果人工降雨效率低，那么就不应使用碘化银。[1]在进行人工影响天气作业中使用的化学剂是具有一定的毒性的，这种毒性对于环境、人、动物和植物会造成什么样的影响是需要进行科学评估的。对于影响天气的作业来看，也许其效果是明显的，但这种毕竟是短期行为，属于救急之需，这种做法会不会对环境和气候资源产生不利的影响，显然也是需要科学家们进一步研究考证的。因为自然环境下的天气变化会有一系列的自然过程和环节，自然界的动植物都能通过这些事先的征兆作出自身的适应性反应，而人工影响天气则没有这些自然状态下的过程，对于动植物的影响是客观存在的。

此外即便是云雨资源，并没有固定性，但总量是有限的，如在一个地区实施了人工降雨，就会导致本该在另一个地方降下的雨水减少，甚至无降雨，或者是刚好相反，这些可能性的现实存在，即构成了人工影响天气行为法律制度需要妥善解决的问题。实践中也出现了较多因人工影响天气造成的公民权益损害事件，这些都是因减灾防灾而至灾的悲剧。至

---

[1] 参见杨桦、肖宝■：《论人工影响天气的法律救济及法院的作用——以法院参与社会管理创新为视角》，《江汉大学学报（社会科学版）》2012 年第 3 期。

目前为止，人工影响天气技术无论是在我国还是在世界其他国家，都仍是一项不完备的技术，无论是技术上还是配套的法制建设上都还需要不断地深入研究。对国外一些较为成熟的立法及法律制度的借鉴和学习是必要的。

"美国是世界上第一个发明并实际采用人工影响天气技术的国家。"[①] 从 1946 年开始，美国人工影响天气的实验、活动在持续不断地进行，联邦立法只局限于对人工影响天气活动的报告行为，因此具体的人工影响天气行为主要就是通过各州的立法来进行规范。据统计，截至 2009 年，美国已有 32 个州有简单或复杂的关于人工影响天气的法规。32 个州立法中设定最普遍的两个基本条款是：（1）从事人工影响天气作业单位和工作人员的资格要求；（2）立法要求实施人工影响天气作业的主体要么缴纳保证金，要么获得责任保险，来保证有能力对任何因作业而受损害的人进行赔偿。除此之外，大多数州都规定得较为普遍的制度有：（1）人工影响天气的行政许可条件及其费用；（2）强制提前公告制度；（3）对实验的记录制度；（4）对不遵守法律的处罚条款等。值得注意的是，在美国的司法实践中，有针对人工影响天气潜在受害者及现实受害者的具体制度。如果有人认为即将进行的人工影响天气的作业会导致其权益受到危害，他可以向法院申请强制禁止令，但是申请强制禁止令之前，原告必须能够证明他将受到不能修复的损害，或者能够证明他通过合同法和侵权法等现有法律得到的金钱赔偿不能充分弥补自己的损失。受到人工影响天气作业实际损害后，受害人可以向法院起诉作业实施

---

① 王秀卫：《人工影响天气法律制度研究》，法律出版社 2010 年版，第 24 页。

者。对于潜在受害者的诉求能否得到支持，法官一般采用利益衡量的方法进行裁决，如 1950 年，发生在美国纽约州的一个涉及人工影响天气的案件中，纽约城为了解决严重干旱下水资源缺乏的问题，正在准备筹划一次人工降雨活动。案件原告 Slutsky 向法院申请禁止令，其申请禁止令的理由为他认为人工降雨之后会干扰他经营的乡村俱乐部的生意，结果是法官驳回了他的申请，理由是："法院不能以牺牲公共利益为代价去保护一个可能发生的私人损害。"①

应该说，美国的人工影响天气制度中较为突出的特点是对于公民权益保障的制度，尤其是人工影响天气的异议制度必须是信息公开制度比较健全和完备的前提下才能有效进行。我国在完善人工影响天气制度时应当对国外的好的经验予以学习借鉴。

将科技因素与法律制度相融合来考量一项制度、一种行为的合理性、正当性与合法性问题，这正是人工影响天气这种特定行为给我们提出的命题。其法体系的构建有着浓重的科技法的特点，要求立法必须要尊重科学、尊重自然规律，在立法上一定要通过法定程序来保障科学化的人工影响天气行为。是否应该采取相应的措施来人工控制、影响天气必须要以能否最大限度地照顾民众的生存为标尺。以影响天气行为所带来利益及可能造成的损耗及损害，以及行为是否可用其他方式替代为标准作出考量。

---

① 张勇：《人工影响天气损害的法律救济与预防》，《中国地质大学学报（社会科学版）》2010 年第 6 期。

三、人工影响天气行为的行政法属性

人工影响天气行为已经成为我国各地普遍采用的人工改变局部天气状态的行为。然而对于该行为的法律属性却少有研究，而其内含的法律关系学界更是缺乏相关讨论。现代行政法的理念转向已由原来的公权、管制型模式向更为多元的、强调服务导向的服务型行政和公私合作型行政转化。行政法治的服务性质日益彰显。通过服务行政这一视角来分析人工影响天气这一行为，不难看出其给付行政的性质，对其纳入行政法的视角进行分析其理论与现实意义最终的落脚点在于建构好相应的人工影响天气的行政法制度来保障公民权益。

（一）人工影响天气行为纳入行政法学研究的必然性与必要性

任何问题的研究，要成为真问题，必须要考虑该问题研究的现实意义。行政法的本质是控制权力还是管制社会秩序曾经是一个理论上有分歧的问题。从实际效果而言，行政法制的体系中包含着两个方面的内容：其一，行政法给了行政主体管理社会的职权，因为任何社会都需要有秩序，秩序的形成可以通过人的自治自觉，但仅靠自治自觉仍旧无法形成良好的社会秩序，因此还需要公权力的介入而形成治理。管制型行政其立足点就在于秩序形成，因此又被称之为秩序行政、干涉行政。其二，公权力介入国家与社会秩序的管理，其本身也要符合秩序，因此行政法也需要调整行政主体的行为秩序。恰如习近平总书记所强调的，要把权力关进制度的笼子，无序的行政权力将会导致权力的滥用、权力的失衡。这样的状态之下，要么秩序只是为了少数人的统治服务，要

么管理秩序本身的混乱将导致整个国家与社会秩序的混乱，最终回到无序的状态之中。由此，英国著名学者戴雪强调法治的状态应为，无论任何权力，都要经常受到法的制约，并以此保障人民的权利和自由。因此行政法治也就意味着法对行政的统治。

从对人工影响天气行为与服务型政府的法治逻辑联系中可以看出，人工影响天气行为是服务型政府履行服务民生职责中的重要行为。以人工影响天气目前在《气象法》中的相关规定来看，其归属于县级以上地方政府领导，由地方各级气象主管机构管理、指导和组织实施，其他政府部门按照职责分工，配合气象主管机构做好人工影响天气的有关工作。"法学的本质是一个认识世界然后规范世界的过程，认识世界是一个从具体到抽象的过程，即从经验到概念的过程。"[①]行政法在体系划分上可以分为行政组织法、行政行为法和行政救济法。《气象法》和《人工影响天气管理条例》均强调了气象行为属于公益性事业，其涉及公共利益，其中对于人工影响天气行为的组织运作、关涉政府公权力的运行的行为规范以及在人工影响天气活动中公民、法人或其他组织的权利保障与救济，可以说人工影响天气行为贯穿了行政法体系的各个环节。党中央和国务院高度重视人工影响天气行为，党的十八大提出加强生态文明建设、加强防灾减灾体系建设、确保国家粮食生产安全和重要农业产品有效供给等发展战略均对于人工影响天气提出了新的更高的要求。因此可以预计在未来的一段时期内，人工影响天气行为将日趋成为国家对

---

① 郝晶：《对我国行政行为类型化研究的一点思考》，《前沿》2010 年第 16 期。

气象资源进行利用的常态化行为。如何加强人工影响天气的
制度化建设则成为在党的十八届四中全会提出全面推进依法
治国背景下的客观要求。制度的实践与理论的总结与指导是
相辅相成的，理论研究应该比实践更具有前瞻性才能发挥好
指导实践的功能。

与人工影响天气在实践中所发挥的重要作用相比，对该
行为的整体性的行政法研究尚不发达，如果无法从行政法学
解答人工影响天气行为的行政法属性，则难以在行政法制度
上有针对性地予以有效的支持，也无法确保其行为本质上以
民为本，权利本位的服务型政府的理念的实现。

（二）人工影响天气行为的行政法定位

就人工影响天气行为而言，可带来如下的法律问题，如
人工影响天气本身所带来的灾害应如何处理，如何确定责任？
人工影响天气行为所带来的损害赔偿，[①]人工影响天气导致局
部气候变化造成的环境影响，人工影响天气中，人工降雨带
来的水资源的区域协调利用等诸多现实问题。要从理论上厘
清上述问题，必须要辨明人工影响天气行为性质以及其法律
定位问题，进一步将其纳入法治轨道，保障社会的和谐发展。
对于人工影响天气的行为，既然与行政法有着诸多关涉，笔
者倾向于将其定位为与传统行政行为不同的一种新类型的行
政行为，并对该行为进行行政法定位的基础上，探讨它的行
政法规范以及相关制度和机制的完善。

---

① 目前人工降雨行为已引发了法律争议，见《农民欲告气象局人工降雨》
http://news.sohu.com/20070605/n250394865.shtml，郑州市高新区沟赵办事处大谢
村农民孙贵生就因郑州市气象局 2007 年 5 月 30 日实施的人工增雨行为造成的他
所种植的麦子倒伏，欲告郑州市气象局。

要对一特定行为进行性质定位必须考虑以下因素：其一，是该行为所产生及涉及的社会关系；其二，是该行为的主体；其三，是该行为所针对的行为对象；其四，是对于该行为进行规范的法定依据；其五，是该行为所产生的法定效果。

1. 人工影响天气行为的社会关系

就人工影响天气行为而言，其行为作用及覆盖范围为特定领域的局部性气候资源，也就是该地区的气候资源。但不能认为人工影响天气行为所形成的社会关系就是人与天气之间的自然关系。只不过这种社会关系的发生是根基于人与天气的自然领域而已，其涉及的社会关系包括以下几种。

（1）政府内部管理关系。在实施人工影响天气活动中政府之间、政府与政府部门之间、政府部门相互之间、政府部门与气象专业机构之间，人工影响天气还涉及空域管制、公共安全和武器装备的使用，又涉及政府、政府部门、气象专业机构与军事机关之间的关系。以上关系主要涉及行政机关之间、行政机关与军事机关之间的权力义务关系，直接决定人工影响天气的物质准备及实施作业的前期管理，人工影响天气行政内部管理之间的关系是否协调、合理将直接决定人工影响天气活动的效率及结果。因此这是人工影响天气的立法应首先调整的内容。

（2）气候资源及天气条件的供给关系。这种关系主要为县级以上地方政府与当地需要获取相应气候资源或天气条件的民众，当然也包括了企业、事业单位和其他各种组织。也就是说人工影响天气行为所调整的社会关系还包括了政府与公民、法人或其他组织之间基于气候资源的利用所产生的相互之间的关系，因为天气影响基本上不会只针对个人，因此基本上属于公共利益的范畴。

（3）人工影响天气行政管理关系。在实施人工影响天气活动中存在着对人工影响天气设备、设施的管理，对操作规程的管理，对实施人工影响天气的组织机构进行资质审查与工作监督的管理。对不符合管理规定的行为作出行政处理，情节严重的甚至需要依法追究刑事责任。

人工影响天气行为目前也有观点认为其中还存在着民商事关系，其理由在于《气象法》中第 3 条第 4 款规定，气象台站在确保公益性气象无偿服务的前提下，可以依法开展气象有偿服务。《气象法》第 42 条规定了气象台站和其他开展气象有偿服务的单位，从事气象有偿服务的范围、项目、收费等具体管理办法由国务院依据本法规定。国务院办公厅 1996 年 3 月以国办发〔1996〕6 号文件下发批转的中国气象局《关于加强人工影响天气工作的请示》中就明确了开展专业气象有偿服务的必要性。尽管在目前人工影响天气的专门法规范《人工影响天气管理条例》中并未对商业、有偿的人工影响天气活动作出规定，但地方的第一部人工影响天气行为的立法《江西省人工影响天气管理办法》第 3 条第 2 款中规定了实施人工影响天气作业的组织在确保防灾减灾公益性服务的前提下，可以根据用户要求，依法开展人工影响天气专项服务，所需作业经费按照谁受益谁负担的原则由受益单位承担。之后其他地方所订立的人工影响天气的地方立法均有相同或类似的规定。尽管以上地方立法的规定的确符合中央政策指引的发展方向，但却存在合法性的问题，且不说根据《气象法》的授权，只有国务院有权确定气象服务收费的范围和标准，人工影响天气行为是一项向社会提供公益性服务的行为的性质是以《宪法》为基础的气象法体系所确立的基本原则。如果人工影响天气可以向私人提供，满足私人主体的个别需要而实施，其公益性是否会受到否定或影响？从政府职能来看，政府并不是公共产品的唯一提供者，政府提供服务的立足点在于对社会无法提供或者难以有效提供的公共产品，一旦社会可以自己解决，政府则应当退出该领域，社会的归社会，政府的还给政府。因此一旦条件成熟，人工影响天气行为也会成为一项由非政府组织提供的公共服务或有个性化的私人服务，此时的政府则主要履行监管职能。但不管情况如何变化，政府的监控始终是必要的，因此从法治方向来把控人工影响天气行为不能或缺政府责任。气候的整体性也决定了公益性将不会发生变化，即便气象技术能够发达到为个别领域、私人提供商业服务，但公益性也必须是考量该影响天气行为能否实施的合法性依据，而不能仅考虑实施影响天气行为的经济效益问题。

2. 人工影响天气的行为主体

从有关法律、法规、规章的内容看，人工影响天气的行为主体较为复杂。人工影响天气的行为中涉及的主体及其职责包括：（1）县级以上地方人民政府，应当加强对人工影响天气工作的领导和协调；有组织、有计划地开展人工影响天气工作。（2）国家气象主管机构（即中国气象局），应当加强对全国人工影响天气工作的管理和指导。（3）地方各级气象主管机构，应当制定人工影响天气作业方案；并在本级政府的领导和协调下，管理、指导和组织实施人工影响天气作业。（4）政府其他有关部门应当按照职责分工，配合气象主管机构做好人工影响天气的有关工作。（5）具体实施人工影响天气作业的组织，其所需具备的条件是符合省、自治区、直辖市气象主管机构规定的资格条件。以上的主体和职责可以梳理成县级以上地方政府是在本行政区域内作出人工影响天气作业的决定机关，当地气象主管机构是人工影响天气作业的直接管理和组织实施者，具体实施人工影响天气作业的主体实际上在《人工影响天气管理条例》中并不明确。从《广西壮族自治区人工影响天气管理办法》的具体规定看，实施人工影响天气作业的主体必须具备以下的条件：（1）具有法人资格；（2）有高射炮、火箭发射装置及人工增雨炮弹、火箭弹库等基础设施，并符合国家强制性标准和有关安全管理的规定；（3）具有接收作业指令和对作业天气条件进行监测分析的业务技术系统与设备；（4）有完善的作业空域申报制度、作业安全管理制度和作业设备的维护、运输、储存、保管等制度；（5）法律、法规规定的其他条件。其他地方的规定也基本相同，目前我国各地具体负责人工影响天气实施的主要机构是人工影响天气办公室。其性质为政府全额拨款的事业单位。

　　根据《人工影响天气管理条例》的规定，开展人工影响天气工作，应当制定工作计划。人工影响天气工作计划由有关地方气象主管机构商同级有关部门编制，报本级人民政府批准后实施。由此可见地方县级以上政府及所属气象工作机构等行政组织是人工影响天气行为的主要行为主体，但其主体具有综合性特征，行为步骤包括了计划、编制、协调以及审批和实施这几个行为阶段。气象主管机构，在我国就是中央及地方各级气象局。从气象局的组织性质而言是国有事业单位，在行政法中属于法律法规授权的组织，通过《气象法》

等法律法规获得气象领域的管理职权。

3. 人工影响天气行为所涉及的客体

人工影响天气所直接针对的对象是气象资源，如人工降雨行为则是针对携带丰富水汽的云块，通过对云块发射增雨炮弹、火箭弹的方式将云块所蕴含的水汽冷却转化为雨水降落下来。当然除了云雨，还有风、光、电等气象资源。虽然人工影响天气行为直接针对的对象为气象资源，之前笔者也分析过气象资源在目前的立法中并未明确列入《物权法》的物的类型予以规范，但《物权法》同时也规定了，法律规定权利作为物权客体的，依照其规定。这就为气候资源这种特殊的自然资源能否物权化提供了指引，可以理解为，国家可以在不区分气候资源的物的类型时将其专门列为一种权利来加以规范和保护。但这里还需要特别关注的是人工影响天气行为所间接指向的对象，就是在实施影响天气作业范围内工作、生活和居住的公民、法人或其他组织。因此，虽然人工影响天气行为直接作用于气候资源，但其根本的目的及本质是为了满足人的生产、生活需要创造更好的气候条件而实施的行为。

无论是自然天气还是人工天气都会造成双面效应，正面促进生产生活，负面是带来一定的灾害，影响生产生活。当然，自从人类产生之后，其行为自觉不自觉地会对天气产生影响，目前出现的全球变暖等气候变化也被认为是人类自18世纪中叶工业革命以来对煤炭、石油等化石燃料大规模利用，产生大量二氧化碳、甲烷、氮氧化物等温室气体的结果。因此这里所谓的自然天气指的是没有直接采取人工影响天气作业时所形成的天气状况。所谓的双面效应，也就是说，天气给人们带来的既有供给性也有破坏性，干旱地区的农作物需要雨水，但是一旦降水过大反而会导致农作物被泡死，恶劣天气会造成一些财产和人身的损害。目前我国的人工影响天气的法律制度过于关注对实施行为自身的管理，而忽略了对于人工影响天气客体所应确立起来的权利义务关系，并且管理本身也就带有非常浓厚的传统行政法的色彩。

4. 人工影响天气行为的法依据

就目前而言，人工影响天气行为的法定依据是我国 1999年 10 月 31 日第九届全国人民代表大会常务委员会第十二次会议通过的，并已于 2000 年 1 月 1 日正式实施的《中华人民共和国气象法》，该法第 30 条规定：县级以上人民政府应当加强对人工影响天气工作的指导，并根据实际情况，有组织、有计划地开展人工影响天气工作。……有关部门应当按照职责分工，配合气象主管机构做好人工影响天气的有关工作。此外，国务院于 2002 年制定了《人工影响天气管理条例》对人工影响气候的行为做出了进一步的规范。另外还有 22 部地方制定的人工影响天气管理的地方性法规及地方政府规章。《气象法》所关注的是全社会甚至于全人类之利益，是对社会公共利益所进行的调整。"有学者指出气象法为社会公益法，以保护社会公共利益为最高原则。"[①] 因而气象法是属于调整公共利益的法律规范，具有较强的公法属性，当然仅凭其公法的属性是不能直接将其判断为属于行政法领域，还要从人工影响天气的行为来分析。我们从人工影

---

① 孟庆凯：《论气象法的本质特征》，http://www.fw123.net/fanwen/hlhx/37990.html。

响天气行为的实施程序看，其本质是行政机关决定作出的一种行为，其根本目的在于合理开发利用和保护气候资源，为经济建设、国防建设、社会发展和人民生活提供气象服务。由此可见从气象法的立法宗旨上看，确立的人工影响天气行为是公益性而非私益性的，且其行为属于主动、积极而为，符合行政行为的特性，其行政行为的性质是显而易见的。

5. 人工影响天气行为的法律效果

对于行政法所调整的某类特定社会关系，行政法学界有一个基本共同的认识，即都认为它是行政主体（包括国家行政机关、法律法规授权的组织、行政机关委托行使行政权的组织等）在实现国家行政职能的过程中形成的各种社会关系，该类社会关系的特定性在于：它与行政主体及其行政职能、行政活动是有密切关联的，并以行政主体为关系的一方。[1] 从《气象法》第30条的具体规定来看，其行为主体是县级以上人民政府以及气象主管机构，军事行政机关。其调整的法律关系中的主体为行政机关与公民、法人或其他组织。人工影响天气行为的法律效果归属于行政机关与不可确定数量的相对人。例如：作为负有相应法定责任的行政机关，在本地区具备气候资源，但水资源储备不足，农业生产严重缺水的情况之下，应积极合理地采取相应的人工影响天气措施，开发利用空中水资源。而作为人工降水的受益者，要积极配合行政机关对空中水资源的有效利用。

通过以上5个方面的分析，由此，笔者认为，人工影响

---

[1] 袁曙宏、方世荣、黎军著：《行政法律关系研究》，中国法制出版社1999年版，第2—3页。

天气行为属于行政法范畴中的一种特定行为。

（三）人工影响天气行为的行政行为分类

关保英教授认为行政行为的分类在我国一直是一个仅仅存在于理论领域而又争议很大的问题，正是由于行政行为分类存在混乱状态，使它成为制约行政法治尤其行政执法的一个较大的理论瓶颈。要给行政行为的分类确立科学的标准，就必须对行政行为的分类进行法律上的审视而不是纯粹理论上的审视。[①] 叶必丰教授认为，行政行为的分类是有关行政法的原理和制度得以构筑的前提。[②] 笔者认为两位教授的观点对于人工影响天气行为的行政法分类很有建设性。因为理论必须要还原到现实中才能真正体现出其价值，在此对于人工影响天气行为进行分类研究最终目的就是为了人工影响天气行为的行政法原理及行政法制度得以科学性的构筑。

对于行政行为的划分，可以根据其不同的标准来划分成不同类型。从人工影响天气的行为状态看，其是属于具体的、单方的、以作为形式进行的行为。但是要将该行为准确定位，还必须抓住其本质特征来判断。目前的行政行为分类理论上并不成熟，法治化的程度也较低，这一定程度上影响了我国行政法治的发展和对行政相对人权利的保护。诸如当下较为常见的行政合同、行政指导等新型的行政行为，都没有完善的法律规范。人工影响天气尽管已经在我国有了 50 多年的实践，但是在行政法学理论上仍旧是一种没有能被具体分类的，

---

① 关保英：《行政行为的法律分类构想》，《东方法学》2009 年第 4 期。
② 叶必丰：《行政行为的分类：概念重构抑或正本清源》，《政法论坛（中国政法大学学报）》2005 年第 5 期。

在理论上看是更为新颖的行政行为，理论与实践较大程度上脱节，这与我国在相当长一段时间不注意行政法制建设有关，但改革开放已有 40 年的时间，目前学界还未能对其给予较多的关注，行政法学界更是未能对该行为进行系统的分析。人工影响天气具有较强的行政服务性，而目前国内没有相应的理论给予解答，造成了一种理论上的"饥渴"，因此我们在对人工影响天气行为进行行政行为分类之时，有必要借鉴国外行政法较为发达国家的经验，寻找相应的理论支撑。

1. 人工影响天气是与给付为特征的服务性行政行为

目前看来，人工影响天气主要的行为集中于人工增雨、人工消雨、人工消雹、人工消雾这几个种类，其主要目的在于对水资源的供给。我国是一个整体上缺水的国家，西北部的水资源尤其匮乏，人工影响天气可以通过相应的气象技术为这些缺水地区提供宝贵的水资源，因此该行为具有进行资源配置的给付行为特征和服务的性质，服务的宗旨是保障公民的权益实现。"德国行政法学家奥托·麦耶曾在其 1895 年出版的《德国行政法》教科书中，明白地说出行政法学体系的前提为：我们现在所适用的宪法虽然概念极为简单，却是经由长久历史之演变而产生。我们现在称呼的'宪法'，是指国民能够参与立法，而使国家的权力里有民意之成分在内。这种最高的权力秩序便是宪法。一个国家满足这种要求，便可称为是宪政国家。在这个最高权力下，可产生我们整个行政法之体系。宪政国家便是行政法的前提要件。"[①] 奥氏的理论给我们的思考提供了有益的启示，宪法是行政法的法源根

---

① 陈新民著：《公法学札记》，中国政法大学出版社 2001 年版，第 48 页。

基，也为行政法的发展奠定了方向，在现代宪法将人权保障纳入其终极目标时，行政法治的基本理念即为强调基本人权之保障。基于这种理念在现代各国的张扬，现代行政法显然将服务行政作为行政法发展的方向和坐标。福斯多夫在德国行政法学界最早提出"服务行政"的理论，并将服务行政概括为生存照顾和给付行政。福斯多夫指出，在现代社会之大规模人口的生存方式下，人们生存必须依赖公共服务的提供。①人工影响天气行为的一个重要目的是为了保障人民的正常生存需要，由政府提供人们生活、生产所需的气象资源，而政府实施这项行为是为了履行法律赋予的行政职责。因此人工影响天气行为的一个行政法基本属性即以给付性为显著特征的服务性行政行为。尤其是人工影响天气在抗灾减灾方面的功能，更是直接发挥着生存照顾的作用。

2. 给付行政与行政给付

一些学者将行政法的发展方向或者趋势进行了概括，当然这种概括不是针对某一国的行政法而言的，而是把行政法作为整个人类社会中存在的现象来分析。这些趋势是：行政主体积极行政意识与服务行政意识在行政法中的确立。随着社会的发展，行政主体对行政法的适用必须以积极的态度对待之，而不是像以前那样被动地对待行政管理关系。行政主体无论是作出行政行为，还是调整社会关系必须以服务于公众为基本的行为取向。行政法必须促进行政机关积极、服务与便民功能的发挥。

民意、法治与责任行政观念的确立。民意、法治与责任

---

① 参见陈新民著：《公法学札记》，中国政法大学出版社 2001 年版，第 52 页。

行政是一个有机统一的事物。在行政法中，行政主体必须在广大民众意志和利益的支配下而为行政行为。而且整个行政活动过程要受到法治原则的制约，并在法治原则的支配下承担法律上的责任。

行政系统内部分工合作观念的确立。分工合作制和分权制并不是一个可以同日而语的制度形态，分工合作多指行政系统内部行政机关善意的支持与合作关系。

诸如对于人工影响天气之类的行为规范的增加，行政法规范内容中专业技术性内容正日趋增多。由于行政管理事务日趋专业化和技术化，要求行政法规范中的内容也必须和社会技术保持一致，通过行政法规范的这种技术性使行政法和社会的发展保持最大限度的和谐。行政法社会化趋向的增多必然使行政法能够更多地包含服务内容。

行政法规范对广泛社会生活领域的开拓。[①] 学界对于行政的服务性已基本达成了共识。"任何一个国家为了维持国家稳定，就必须提供人民生存之照顾。"[②] 对于人民的生存照顾最为典型的行为就是行政给付行为，行政给付是随着服务行政理念而形成的一种行为概念，也有学者将其称为给付行政。对于行政给付的认识目前学界并未形成统一认识。如有学者认为"给付行政"又称"服务行政"或"福利行政"。它是指国家作为给付主体，通过提供资金、物资及劳务上的救济与服务，保障公民基本的生存、生活权利，或帮助促进公民

---

① 参见杨海坤、关保英著：《行政法服务论的逻辑结构》，中国政法大学出版社 2002 年版，第 247—249 页。
② 陈新民著：《公法学札记》，中国政法大学出版社 2001 年版，第 53 页。

获取经济利益，并且以维持增进社会的公共福利为直接目的的公共行政。它的内容包括：社会保险、救济、社会福利等社会保障行政以及建设、管理公共设施和与国民生活紧密相关的公共企事业供给行政、提供拨款、无息借贷、补款的扶助、扶持行政等，这些行政通称为给付行政。① 我国台湾地区学者吴庚认为，给付行政乃确认国家赋有生存照顾的义务，国家应采取行政上之有效措施，改善社会成员之生存环境和生活条件，而给付行政也是属于公权力行使的公法行为。② 我国大陆学者对行政给付的概念的界定大多取其狭义的定义，将其限定为社会保障行政中的行政物质帮助，即指行政主体在公民失业、年老、疾病或者丧失劳动能力等情况或其他特殊情况下，依照有关法律、法规、规章或政策的规定，赋予其一定的物质权益或与物质有关的权益的具体行政行为。这是我国目前大陆学者的主流观点，它仅包括国家单方面实施救助的行为，而不包括需公民交付对价才能享受的服务，这显然比德国行政法学中所讨论的"给付行政"的范围狭窄得多。③ 此种观点从其范围而言过于狭隘，无法涵盖现代行政法对人民生存照顾的需求。就"生存照顾"而言，其范围不能局限于人的生存权，随着社会生活的发展，人越来越注重其自我全面发展的需求。

福斯多夫所言的给付行政，是指服务于人的基本生活考虑的活动。这里的生活考虑，是指对于不得不从事现代集体

---

① 郭润生、张小平：《论给付行政法》，载《行政法学研究》1994 年第 3 期。
② 吴庚：《行政法之理论与实用（增订八版）》，中国人民大学出版社 2005 年版，第 14 页。
③ 王芳：《行政给付——弱势群体的保护伞》，载《甘肃农业》2006 年第 4 期。

性生活的人，给付、提供人们为维持日常生活所不可欠缺的生活物资或者生活服务的活动。例如，电力、煤气、自来水等供给事业以及通信、公共交通运输事业等。[1] 基于福斯多夫的行政给付的理解具有作用范围不明确，解释不详细的缺陷，日本学者从较为广义方面来理解和使用行政给付概念，他们认为给付行政，是指通过公共设施、公共企业等进行的社会、经济、文化性服务的提供，通过社会保障、公共扶助等进行的生活保护、保障，以及资金的交付、助成等，即通过授益性活动，积极地提高、增进国民福利的公行政活动。[2] 日本学者倾向于将给付行政划分为三个大类：一为供给行政。供给行政指的是提供日常生活中必不可少的公共服务的行政作用，如道路；公共设施，如学校、医院；公共企业，如邮政、电力等公营企业的设置和经营来实现的。二为社会保障行政。其范围接近于我们的理论中所指向的狭义行政给付，是指国家或地方公共团体依照日本宪法第 25 条规定，为保障国民最低限度的、健康的文明的生活而进行的给付活动。其范围包括了保障生活贫困者生活的公共扶助，对大量分散生活中致使贫困的危险实行救济的社会保险以及公共卫生、医疗、社会福利。三为资助行政。资助行政广义上包括青少年的保护和培养，以及提供知识和技术等非经济性的内容，也包括经济资助的行政，即资金资助行政。资金资助行政是指行政主体为了保证经营的安定，满足公共需要，而对私人、私营企业提供资金或其他财产利益的行政作用，包括提供补助金、

---

① 杨建顺著：《日本行政法通论》，中国法制出版社 1998 年版，第 327 页。
② 杨建顺著：《日本行政法通论》，中国法制出版社 1998 年版，第 329 页。

资金借贷、出资、债务保证、损失补偿、保险等。①

　　基于社会的发展及人民对于生活质量要求的不断提高，现代行政的给付功能内涵深化和外延的扩张，除去生存照顾之外，还涉及人的发展，如公共用物的公园、广场，公共设施的学校、博物馆等，还有扶助个人和企业发展的资金资助等给付行政行为均能说明这一点。随着社会经济的发展，给付行政的范围及类型不可避免地会发生变化，从目前的理论看，尽管并未将人工影响天气囊括在学者所列举的给付行政之内，但这并不足以排除人工影响天气的行政给付属性，其改善生存条件和环境的功能已经符合了理论中对于给付行政特点的描述。只是因行政技术性发展变化未能被理论界所及时关注之外，还有各国行政法实践和理论上的差异问题。从行政的功能来分析，服务是其主导的功能。"字面意义上的行政还包括提供物品和服务给付。就此而言，行政是一种服务活动，不是为自己创造物品或者给付，而是借助现成的手段提供产品或者给付。"② 无论是对弱势群体的关怀照顾还是对个人和企业的扶助，其主旨是对人生存与发展所提供的相应保障。

　　人工影响天气是在一定时期自然气候资源无法满足本地工农业以及人畜之生活需求的情况下而由政府部门采取科技手段来调配气候资源的一种行为方式，其行为上带有明显的供给性质及给付特点。并且从《气象法》到《人工影响天气条例》

————————

① 　参见杨建顺著：《日本行政法通论》，中国法制出版社 1998 年版，第 329—330 页。

② 　［德］汉斯·J. 沃尔夫、奥拓·巴霍夫、罗尔夫·施托贝尔著：《行政法》（第一卷），商务印书馆 2002 年版，第 21—22 页。

《气象灾害防御条例》以及地方的人工影响天气立法，均强调了人工影响天气的经费列入政府的财政预算之中，对于社会公众而言，其体现出无偿性的特征，只有根据特定客户要求，依法采取的专项人工影响天气服务才是根据谁受益谁负担的原则进行收费。

对于行政给付较为广义的理解认为："行政主体为保障个人和组织的生存权和受益权，维持和促进国家与社会的稳定和发展，依照法律规定和相关政策向个人和组织，尤其是出现生存困难并符合法定保障条件的个人和组织，提供物质、安全、环境、精神等各方面保障的行政活动及其相关制度。"[①] 该概念进一步推进了我们对于行政给付的认识，并把行政给付的目标与发展方向定位为"所有保障职能，从方式手段、对象范围、标的等各方面拓展行政给付的空间，穷尽政府的服务功能"[②]。此定义和定位是从现代行政发展的大趋势来观察和分析的，有其合理的一面，但作为政府的保障职能，给付的方式有直接性与间接性之分，有些具体行政行为从其直接效果看，尤其是从行为的直接相对人的视角来看，的确并非都属于给付性质。如行政处罚、行政强制行为，虽有保障秩序的功能，但缺乏直接给付的内涵，尤其是对于被处罚或被强制的行政相对人而言，它的直接效应是权益的受损和受限性，但是对于需要良好社会秩序的人而言，处罚和强制所带来的复合效应是恢复了失范的秩序，保障了良好生产生活环境和秩序的形成。此时行政处罚、行政强制行为则成为政

---

① 柳砚涛著：《行政给付研究》，山东人民出版社2006年版，第14页。
② 柳砚涛著：《行政给付研究》，山东人民出版社2006年版，第459页。

府对一种秩序的供给，这种情况下能否将行政处罚和行政强制视为是一种行政给付？行政许可行为被认为是一种赋权行政行为，其本质上实际体现为准许。并且行政许可是以权利的有条件行使为行为之基础，相对于没有获得行政许可事项的公民、法人或者其他组织而言，行政许可对被许可人来说会产生一定的给付效果。包括行政处罚、行政强制措施、行政强制执行等秩序行政行为甚至于行政征收、征用中都会体现出相对性的供给效果。但，显而易见的是，以上这些行政行为对于行为所针对的特定行政相对人而言不具有正面给付效果，将其纳入给付行政之中过于牵强。所以以上这些行为不能列入行政给付行为的框架之中，但却可以纳入服务行政的范畴，成为服务型政府建设的重要行为保障，其供给的效应是服务型政府背景下行为的应有之义。相反，如果没有服务行政理念指导，行政处罚、行政许可、行政强制、行政征收征用等行为都会成为行政主体敛财的重要手段，不仅不能提供秩序，行为本身就体现出一种执法的无序、失范状态。

因此目前学界对于行政给付行为的概念界定，应在肯定其所具有的合理性的前提下，要摒弃其中过于含混和杂乱的部分，继续深化行政给付的概念，使其外延和内涵符合行政给付的实质。行政给付的功能在于增进人民的福祉，其最终目的皆在于消弭社会不平等的现象、保障人民生活、重新合理有效地分配资源、改善人民生存环境、促进社会的可持续发展。

给付行政或是行政给付，从相关学者对其所持的观点来看，都属于具备某类型化行为特征的行政行为的模式，而并非一种具体行政行为的分类。即如政府建设医院、博物馆、修桥铺路等行为则难以归为一种具体的给付行为，只能纳入给付行政这种政府行政类型及任务面向的类型化分类。但如果是基于政府向相对人给付医疗补贴，或直接向医院购买公共医疗服务，而让居民能够在医院享受成本价或免费医疗时，政府这一行为则可以算作是一项具体行政行为。由此可见，给付行政为一种体现服务型政府行政服务功能的行为模式，而行政给付行为则是能够从行为的相对方直接体现获取利益的行为，以此为标准，我们才能将其与公权型管制行为相区分，归类为体现服务型政府行政服务功能的具体行政行为类型。

据此，笔者认为所谓行政给付行为是行政主体以经济与社会发展和保障公民的生存和发展之需要，通过向公民、法人或其他组织直接给予一定物质、资金、服务或采取科技手段对自然或社会资源进行合理分配的行政行为。人工影响天气行为是利用技术条件，让天气变得对人们生活有利，并有提供、增加雨雪资源的功能，在生态环境的修复和保障上也起着非常重要的作用，其行为主体也为拥有行政职权的行政主体。从以上各因素的综合分析看来，人工影响天气行为即可作为一种有效配置资源供给的行政给付行为。

3. 人工影响天气行为的配套行政行为

人工影响天气行为的性质为行政给付行为，但从人工影响天气的法制规范来看，为保障人工影响天气的有效实施还需要有相应的配套行为来予以支持和支撑。一项行为的有效实施除了行为自身外，还有一些行为的过程或环节，从行政法的外在表现上看也体现出一种具体行政行为的形式。这也是行政行为实施中的一种常态。如行政处罚之前必须要进行行政检查、调查，这些程序中的行为，其自身就可以形成一个独立的行为。在辨明人工影响天气的行政法属性之后，另一个重要问题就是如何在理论上完善该行为的制度问题。就目前而言，规范人工影响天气行为的基本法律制度主要由《气象法》和《人工影响天气管理条例》构成，这一部法律和一部法规对实施人工影响天气活动中的外部、内部行政行为有较为原则的规范。

（1）人工影响天气的行政规（计）划行为

《人工影响天气管理条例》第 5 条规定了在开展人工影响天气工作之前，应当由有关地方气象主管机构商同级有关部门编制人工影响天气工作计划，报本级人民政府批准后实施。地方立法中也都强调了人工影响天气的行政计划。如《内蒙古自治区人工影响天气管理办法》第 5 条就规定了，旗县级以上气象主管机构应当会同财政、发展改革、农牧业、水利等有关部门编制人工影响天气年度工作计划报本级人民政府批准后实施；第 6 条规定了旗县人民政府应当将人工影响天气工作纳入本级人民政府国民经济与社会发展规划。这里出现了计划与规划两种表达，无论是计划还是规划都是对未来一段时间的事务的任务的安排、要求和部署，当然计划一般规模小，针对特定事项，规划具有综合性，从内蒙古制定的规章内容即可看出，计划由气象机构会同其他部门编制，而规划则由县级以上人民政府组织编制。计划一般时间较短，这里对于人工影响天气的年度计划意味着是对未来一年的人工影响天气所作的安排。而规划的时间相对较长，如国家发展和改革委员会与中国气象局 2014 年制定的《全国人工影响天气发展规划》即涉及 2014 至 2020 年 7 年内的人工影响天气的安排。

（2）人工影响天气行政许可行为

根据《气象法》《人工影响天气管理条例》等法律法规，人工影响天气的行政许可行为有人工影响天气作业设备使用许可审批，该许可由国务院气象主管机构实施。人工影响天气作业组织资格审批，人工影响天气作业人员资格审批，人工影响天气作业单位之间转让作业设备审批，这几项行政许可由省、自治区、直辖市气象主管机构实施。应该说人工影响天气行为中所设定的这些行政许可都是非常必要的，根据《行政许可法》第 12 条的规定中所列举的 5 项可以设定行政许可的事项，人工影响天气行为可以说都有涉及。

第一，人工影响天气行为在对于我国的农业生产、缓解水资源的供需矛盾、防灾减灾、保护生态以及保障重大活动的顺利进行都有着重要的作用。这些涉及公共安全、生态环境保护等内容。

第二，人工影响天气作业涉及的有人工增雨防雹高炮、火箭发射架、地面燃烧炉、飞机、火箭、炮弹以及天气雷达、监测及指挥雷达等设施设备器材，这些设备及器材的使用直接关系人身健康、生命财产安全等特定活动。人工影响天气需要使用的设置、器材也直接关系公共安全、人身健康、生命财产安全，需要按照技术标准、技术规范，通过检验、检测来实现控制其风险的效果。

第三，人工影响天气活动涉及人类对于气候资源的利用，事关自然资源开发利用、公共资源配置等事项。

第四，人工影响天气是属于公益性事业，其实施主体的职业资格也属于事关公共利益的特定行业的准入，需要赋予特定权利、资格的事项。

（3）人工影响天气行政决策

尽管《气象法》与《人工影响天气管理条例》并未直接规定人工影响天气的行政决策行为的具体程序，但是作为实施人工影响天气的领导和组织者，县级以上人民政府根据实际情况，有组织、有计划地开展人工影响天气工作实际上就会涉及决策。何时、何地使用什么样的方式和技术来影响天气这都是政府及气象机构需要进行决策的内容。如《人工影响天气管理条例》第6条规定："组织实施人工影响天气作业，应当具备适宜的天气气候条件，充分考虑当地防灾减灾的需要和作业效果。"第7条规定："县级以上地方人民政府应当组织专家对人工影响天气作业的效果进行评估，并根据评估结果，对提供决策依据的有关单位给予奖惩。"第8条规定："人工影响天气的作业地点，由省、自治区、直辖市气象主管机构根据当地气候特点、地理条件，依照《中华人民共和国民用航空法》《中华人民共和国飞行基本规则》的有关规定，会同有关飞行管制部门确定。"第11条规定，利用飞机实施人工影响天气作业，由省、自治区、直辖市气象主管机构向有关飞行管制机构申请空域和作业时限。以及第13条规定，作业地气象台站应当及时无偿提供实施人工影响天气作业所需的气象探测资料、情报、预报；农业、水利、林业等有关部门应当及时无偿提供实施人工影响天气作业所需的灾情、水文、火情等资料。第14条规定："需要跨省、自治区、直辖市实施人工影响天气作业的，由有关省、自治区、直辖市人民政府协商确定；协商不成的，由国务院气象主管机构商有关省、自治区、直辖市人民政府确定。"

以上这些条款的规定都是为了人工影响天气的行政决策能够科学合理而做出的规定。然而对于决策的程序、决策主体的职责等并没有法制化的规范。

（4）人工影响天气的信息公开行为

2019年修订的《中华人民共和国政府信息公开条例》第19条对行政机关应主动公开的信息范围做出了规定："对涉及公共利益调整、需要公众广泛知晓或者需要公众参与决策的政府信息，行政机关应当主动公开。"人工影响天气行为由政府决策，气象部门组织实施，人工影响天气的影响面无疑是非常广泛的，既涉及公民、法人或者其他组织的切身利益，又应由社会公众普遍知晓，因此人工影响天气的信息公开行为非常重要。《人工影响天气管理条例》对于人工影响天气的信息公开只在其第12条规定中设了1款进行规定：实施人工影响天气作业，作业地的气象主管机构应当根据具体情况提前公告，并通知当地公安机关做好安全保卫工作。其内容相当的简单。

作为人工影响天气行为的上位法，《气象法》第4章中专门规范了气象预报与灾害性天气警报的行为，强调了国家对公众气象预报和灾害性天气警报实行统一发布制。其发布主体有各级气象主管机构所属的气象台站；国务院其他有关部门和省、自治区、直辖市人民政府其他有关部门所属的气象台站，可以发布供本系统使用的专项气象预报；各级广播、电视台站和省级人民政府指定的报纸，应当安排专门的时间或者版面，每天播发或者刊登公众气象预报或者灾害性天气警报。

地方性的人工影响天气立法中，《长春市人工影响天气

管理办法》中对于人工影响天气的信息公开有较为具体的规定。（见前述中对人工影响天气地方立法介绍的内容）

（5）人工影响天气的行政处罚

人工影响天气的行政处罚对于保障人工影响天气行为的正常秩序，保障安全有效地开展利用气候资源的活动有着非常重要的意义。

《气象法》第 36 条规定，对于使用不符合技术要求的气象专用技术装备，造成危害的，由有关气象主管机构按照权限责令改正，给予警告，可以并处五万元以下的罚款。第 39 条规定，"违反本法规定，不具备省、自治区、直辖市气象主管机构规定的资格条件实施人工影响天气作业的，或者实施人工影响天气作业使用不符合国务院气象主管机构要求的技术标准的作业设备的，由有关气象主管机构按照权限责令改正，给予警告，可以并处十万元以下的罚款；给他人造成损失的，依法承担赔偿责任；构成犯罪的，依法追究刑事责任。"

《人工影响天气管理条例》第 19 条对以下五种行为视后果严重程度确定了相应的处罚办法：第一，违反人工影响天气作业规范或者操作规程的；第二，未按照批准的空域和作业时限实施人工影响天气作业的；第三，将人工影响天气作业设备转让给非人工影响天气作业单位或者个人的；第四，未经批准，人工影响天气作业单位之间转让人工影响天气作业设备的；第五，将人工影响天气作业设备用于与人工影响天气无关的活动的。这几种情况之一，造成严重后果的，依照刑法关于危险物品肇事罪、重大责任事故罪或者其他罪的规定，依法追究刑事责任；尚不够刑事处罚的，由有关气象主管机构按照管理权限责令改正，给予警告；情节严重的，取消作业资格；造成损失的，依法承担赔偿责任。这些均属于人工影响天气的技术性规范，而涉及对于赔偿或补偿的规定则未见有所规定。

（6）人工影响天气行为的行政处分

行政处分被认为是行政内部行为，一般不在行政法学理论中的行政行为内容中予以介绍，只是在行政主体内容中对于行政主体的内部管理中以及在与行政处罚进行行为比较分析时才会出现。但作为行政型立法的体系构建，除了行政组织、行政职权、行政程序之外，作为一个完整的法治体系，监督法治体系是不可缺少的。行政处分作为对行政机关以及享有行政职权的法律、法规授权组织的监督行为也应当成为人工影响天气配套行政行为中的一环。

《人工影响天气管理条例》第20条规定，违反本条例规定，组织实施人工影响天气作业，造成特大安全事故的，对有关主管机构的负责人、直接负责的主管人员和其他直接责任人员，依照《国务院关于特大安全事故行政责任追究的规定》处理。

四、小结

国家以及政府的存在是为了帮助解决个人和社会处理其自身无法解决的问题，为民众提供生存照顾和有效服务已经成为政府合法性的根基。行政给付是最为凸显服务型政府典型特征的行政行为模式，行政给付行为的本质在于增进人民的福祉，其最终目的皆在于消弭社会不平等的现象、保障人民生活、重新合理有效地分配资源、改善人民生存环境、促进社会的可持续发展。人工影响天气则是体现服务型政府内涵的一项行政给付行为，把握其行为的内涵及分类，目的在于对其理论及制度的完善，最终要回归法的自身。人工影响天气的制度构建必须以给付行为的核心要素为指导，以实现服务行政的目标为行动纲领。

通过对人工影响天气行为的法制状态的分析，在人工影响天气行为的法治化中，目前仍旧存在理念上的转型问题，管制行政向服务行政理念的转型尚未完成。在具体配套制度上仍有许多需要进一步完善的地方，制度体系尚不完备。

人工影响天气作为一种以科学技术的发展为支撑的新型的科技性行政给付行为，如何能确保其给付性及服务性的体现和落实？人工影响天气制度还有哪些需要完善之处，其实施中所带来的灾害应如何处理并确定法律责任？人工影响天气所带来的损害赔偿请求应当属于行政法律责任还是民事法律责任？应如何处理？[①] 该行为所体现出来的问题实际上也就是服务型政府法治实现中所存在的问题。这些问题都需要我们在研究中进一步讨论。

---

① 目前人工降雨行为已引发了法律争议，见《农民欲告气象局人工降雨》http://news.sohu.com/20070605/n250394865.shtml，郑州市高新区沟赵办事处大谢村农民孙贵生就因郑州市气象局 2007 年 5 月 30 日实施的人工增雨行为造成的他所种植的麦子倒伏，欲告郑州市气象局。

第四章 以服务型政府为导向对人工影响天气行为的法治化完善

"现代法治观念以其永恒的光辉照耀着、指引着人类探索和追求合理、公平、正义、自由、秩序的理想社会。法治是现代市场经济和民主政治的一个核心特征，是一切向市场经济和民主政治过渡的国家必须尽快解决的重大现实课题。"[①]

对于人工影响天气的法治完善，首先，应当树立起观念的指导，在建设法治国家中，尤其是要把握好观念对制度建构的影响这一突出矛盾。要解决服务行政观念与行政法治观念如何融合的问题。观念是实践的先导，观念不立，行为不举。目前，在政府部门中，观念上大多还停留在以"管制"为导向，还未能真正转化为以"服务"为导向。人工影响天气的行政

---

① 马怀德：《行政程序立法研究——〈行政程序法〉草案建议稿及理由说明书》，法律出版社，2005年，第17页。

法制建构缺乏科学统筹及技术理念的支撑。

其次，国家权力格局的实践运转脱离了宪法的原初设置，导致目前的法制体系中，以人大及法院为主的行政权监督主体难以有效地通过监督权来规制人工影响天气类的行政给付权走向服务行政的轨道。

最后，在人工影响天气的行政法制度构建上，国家、政府与社会、公民之间目前还缺乏有效的法治对话平台。

针对人工影响天气行为的行政法治完善以及服务型政府的法治实现，需要考虑我国的宪法制度，我国宪法确认了生产资料公有制的经济制度，强调了社会主义公共财产神圣不可侵犯。因此国家实际占有和控制着公共资源，人民生活的保障需要政府提供诸多的生存给付。宪法也同样确认了国家的一切权力属于人民，因此，本书将人工影响天气行为的行政法规制与服务型政府的法治实现机制结合起来，就是以服务型政府的建设为导向，以人工影响天气行为为切入，以为人民服务为目标，着力从以下几方面为建设路径来搭建服务型行政的法治机制：（1）确立服务型政府的理念指引；（2）通过完善宪法对于国家各机关之间的权力运行方向及目标，来建成服务型政府的权力服务导向机制；（3）通过优化行政组织内部的权力配置来搭建服务型政府行为运行的内部促进及制约机制；（4）通过行政组织法的完善来搭建政府之间，政府与社会之间的法治协调与对话机制；（5）搭建以社会公众的需求为导向的民意导向机制。

一、服务型政府与人工影响天气行为所需要的理念指引

近年来，在全球天气变异的大背景之下，我国的环境生

态问题日益凸显，我国的防灾减灾形势更为严峻。农业、生态、环境、交通等行业对于旱涝、冰雹、雾霾、高温热浪等灾害天气的敏感度不断增强。这是人工影响天气在新形势下所面临的重大挑战。

（一）以管理为导向的观念转向以服务为导向的理念

管理是一切组织能正常运作的基础，国家正是基于对人类生存秩序的有效控制而得以存在。组织首先要能够自我管理，而特定的组织存在以管理社会秩序为其目标。政府正是这样一种组织，传统型政府掌握和控制大量的公共资源，并制定出公共资源的分配秩序。资源的配置和分配秩序是以政府所需或政府便利管理为需要所建构的。此时的体制为政府主导的管制型体制。此种体制下，政府的行为僵硬，缺乏适应力和柔韧性，正如以契约论为背景的国家正当性的理论建构中所指出的，人类之所以建立政府，是为了有秩序、安全并且能够有尊严地生活。然而，人类所组建的国家并不是一开始就能够真正实现人们对国家的期待，也并非所有政府都能够实现让其国民安全、秩序与有尊严地生活的状态。

我国的法治政府建设与服务型政府建设同样是由政府自身提出的发展目标，这种自觉无疑是国家在实施宪法中的必然性要求，然而其也会如在法治政府建设中出现的问题相似。即政府通过行政方式来推进法治政府的建设，要推动这项制度的发展，必须要有足够的行政公权力来推进，这样会导致法治与权力之间存在着持续的紧张关系而无法在现有制度内消解。政府提出了服务型政务的建设，同样也存在着服务内涵的认识问题，到底是要政府以服务为名义强化的管理为主导，还是类似于西方新公共管理运动中所提倡的"以顾客为导向"的政府体制改革为主导？

　　笔者认同以下这种观点，即服务型政府的内涵是在公民本位、社会本位理念指导下，在整个社会民主秩序的框架下，通过法定程序，按照公民意志组建起来的以为公民服务为宗旨并承担着服务责任的政府。政府工作的根基和本源是公民和社会的客观、真实的需求，这是政府所有工作的起点和终点。所谓的公共利益和社会利益最终将会转化为具体的公民的利益，转化为对国家中每一个个体的、具有生命体的人的权利的诉求。服务型政府要求，政府的服务不是以满足政府自身的利益为目标。服务型政府的概念也强调了公民意志的基础性地位，即政府是"按公民意志组建起来的""以为公民服务为宗旨"并"承担着服务责任"的政府，这是体现服务型政府法治建设的上层建筑的特征，其制度的建构将围绕着以公民权益为基本点的公益而展开。[①] 政府提供服务的过程是被公民意志而不是政府意志所最终决定的。

　　应该说目前人工影响天气的法治制度构建深受传统管理型思维的影响，仍旧以政府自身考虑作为人工影响天气的行为制度规制的出发点，北京的 APEC 蓝的营造即是存在这种观念的明显体现。通过对公民行为的严格管理来营造政府所需的秩序，必然与公民的本来意愿相违背，虽然公民因其个人利益与公共利益相违背而导致产生违反秩序和危害社会的行为，此时必须通过管制的手段予以处理。即如污染环境、破坏生态的行为理所当然地要使用管制手段，然而管制的目的仍旧是为了实现公民的根本权益，这种管制在其本质上即

----

① 刘熙瑞、井敏：《服务型政府三种观点的澄清》，《人民论坛》2006 年第 3 期。

便是对被惩戒者而言也都是有益的。

温家宝在十届人大三次会议上的《政府工作报告》中对于服务与管理的关系进行了阐释：创新政府管理方式，寓管理于服务之中，更好地为基层、企业和社会公众服务。整合行政资源，降低行政成本，提高行政效率和服务水平。政府各部门要各司其职，加强协调配合。健全社会公示、社会听证等制度，让人民群众更广泛地参与公共事务管理。大力推进政务公开，加强电子政务建设。增强政府工作透明度，提高政府公信力。这段话中实际上也同样反映出传统管理观念下人工影响天气制度中理念的欠缺。目前人工影响天气的信息公开制度尚不健全，人工影响天气行为也未引入听证程序。一项以为民服务为宗旨的行为不能缺乏与公民的互动及回应环节，也不能缺乏对公民权益保障的制度内容，这些正是目前人工影响天气行为尚待完善的。因此要实现人工影响天气的法治化首先需要将管理观念转变为服务理念。一项理念是否是真正树立起来，其最直接的判断标准就是从其制度实施中体现出来的。

（二）从关注局部利益的观念转化为综合协调注重整体性保障的理念

气候系统是各种客观因素的总和，其由 5 个相互联系并相互作用的主要部分构成：大气圈、水圈、冰雪圈、陆面和生物圈。气候影响既具有局部性又体现出全局性的特点。英国政府曾经在 2006 年发表了一份有关气候变迁经济学的《史登报告》，报告指出气候变迁对人类的种种不利影响，不仅限于经济，还涉及社会、环境、政治等全方面领域，甚至严重影响区域安全与世界和平。例如饮水资源的逐渐短缺，生态环境的破坏以及物种的灭绝，说明气候变迁对于人类生活福祉及公共安全带来严重威胁。[①]

我国的《气象法》将人工影响天气作业的领导权确定为县级以上人民政府，这样以局部为基础的设置也导致决策、实施主体的视野局限于本行政区域之内。作为地方政府考虑本县域内所需的气候资源本无可厚非，其本身也是履行宪法和组织法所赋予地方政府的管理职权。然而这样的制度设计没有能与气候资源自身的特性相联系，因此会导致实施中存在着诸多矛盾。《全国人工影响天气发展规划（2014—2020年）》中指出，云水资源的规模开发要求加强跨区域联合作业，需要加强国家或区域的统一指挥调度，需要省、自治区、直辖市以及市和市级以下的各级的协同配合。目前我国只建立了东北区域人工影响天气中心，指挥和调度机制、模型尚不完善，影响了人工影响天气的作业效率和整体效益。

气候受到人类活动及生态环境变迁的影响，而气候活动也会对人类活动和生态环境造成相应的影响，因此人工影响天气的视野不能局限于气象直接干预之上，还要考虑更为基础的活动。目前人类的生产和生活方式对气候的影响是较大的。对于一些对环境有较大影响的企业，由于城市人口集中，对城市生活环境影响较大而被迫搬迁到经济较为落后、地域较为偏僻的地区，而这些地区的政府为了提升本地经济含量也主动招商引资。这样虽然短期上看中心城市的环境质量有所改观，然而整体上而言，污染的排放并未能减轻。气候的

---

① 洪德钦：《"气候变迁与欧美政策回应"专题绪论》，台湾《欧美研究》2013年第1期。

影响和整体环境无法分割，因此在 2014 年由国家发展和改革委员会与中国气象局联合编制的《全国人工影响天气发展规划（2014—2020 年）》中，人工影响天气发展规划与《全国主体功能区规划》《全国新增 1000 亿斤粮食生产能力规划（2009—2020 年）》《全国生态保护与建设规划（2013—2020 年）》和《气象发展规划（2011—2015 年）》等发展规划进行了有效衔接。我国的第十一个五年规划把建设资源节约型、环境友好型社会作为一项重大的战略任务，要实现这一战略目标，需要通过综合性的法治建设，把对环境的保护与气候资源的合理利用有效地结合起来。对于气象资源的合理利用和有效控制必须要把局部和整体结合起来，坚持综合协调与整体性保障的理念。

（三）树立以人为本，经济与环境协调发展环境优先的理念

服务型政府是以宪法所确立的人民主权为原则，以保障人权为核心，以满足公民的需求为政府行政目标。在处理人工影响天气的行为时也必须以此作为行为目标。从我国人工影响天气的立法上，这一理念稍有偏差。

《气象法》第 1 条及第 3 条对于立法宗旨及气象活动性质作了确认，第 1 条强调了立法目的是为了发展气象事业，规范气象工作，准确、及时地发布气象预报，防御气象灾害，合理开发利用和保护气候资源，为经济建设、国防建设、社会发展和人民生活提供气象服务。第 3 条规定，气象事业是经济建设、国防建设、社会发展和人民生活的基础性公益事业，气象工作应当把公益性气象服务放在首位。县级以上地方人民政府根据当地社会经济发展的需要所建设的地方气象事业

项目，其投资主要由本级财政承担。

从《气象法》的规定看，这里将气象事业的目标首先定位为为经济建设服务，其所确立的公益性的第一位是经济建设。《气象法》于1999年颁布，这样的宗旨的确符合我国改革开放以来党所确立的以经济建设为中心的基本路线。《人工影响天气管理条例》尽管并未再强调为经济建设服务，但是其立法宗旨是以对人工影响天气行为进行管理为首要目标。随着2004年我国修改了《宪法》，将国家尊重和保障人权列为宪法正式条文。国家的法治体系建设均应以人权保障为核心构建。党的十八大以科学发展观为指导，提出关于我国在进行政治文明、精神文明、物质文明建设的同时应大力推进生态文明建设。党的十八大报告指出，建设生态文明，是关系人民福祉、关乎民族未来的长远大计。要树立尊重自然、顺应自然、保护自然的生态文明理念，把生态文明建设放在突出地位，融入经济建设、政治建设、文化建设、社会建设各方面和全过程，努力建设美丽中国，实现中华民族永续发展。加大自然生态系统和环境保护力度，加强防灾减灾体系建设，加强生态文明制度建设。

在此背景之下，2018年我国现行宪法的第五次修改中，将生态文明列入了宪法之中，由此我们必须进一步确立宪法保障生态文明的制度规范。服务型政府所提供的公共产品必须以生态文明制度的建设为首要目标，人工影响天气行为的法治体系建构也应以保障人民能健康而又有尊严地生存为目标。

改革开放40年来，我国经济发展中的一个重要经验教训就是忽略了环境与经济的协调发展关系。片面地追求经济利益导致环境遭受严重的破坏，现在不得不又回过头进行治理。目前的难题是产业结构的调整，地方决策者难以下决心治理污染是基于很多污染工业能创造出较大的效益，也能提供较多的就业岗位。然而，污染的环境对人的健康的影响是不可逆的，一个个的生命体因为污染的环境而消亡，这样的后果对于任何经济的发展来说都没有实际价值，扭曲了经济发展的最终目的。

理念的培养是需要持续进行知识普及和教育的。我国《环境保护法》强调了教育行政部门、学校应当将环境保护知识纳入学校教育内容，培养学生的环境保护意识。《气象灾害防御条例》第 7 条中也同样要求地方各级人民政府、有关部门应当采取多种形式，向社会宣传普及气象灾害防御知识，提高公众的防灾减灾意识和能力。学校应当把气象灾害防御知识纳入有关课程和课外教育内容，培养和提高学生的气象灾害防范意识和自救互救能力。教育、气象等部门应当对学校开展的气象灾害防御教育进行指导和监督。

和其他科学技术手段一样，人工影响天气技术到底对于环境有着何种影响，多大程度上有影响，目前还难以准确估量。因此在人工影响天气行为上，不能只顾及经济发展的需要，应当以人为本以环境优先的理念指导人工影响天气的作业行为。需要对人工影响天气行为进行评估。为了解决我国的能源短缺的问题，合理开发利用气候资源，已成为我国目前能源战略中一项重大的任务。但是，值得注意的是气候资源的不合理开发利用却有可能会导致生态灾难。同时，气候资源的可持续利用也有赖于气候资源的保护。因此，保护气候资源对于我国经济、社会和生态、环境、资源的可持续发展有着深刻的意义。①

二、以宪法体制构建人工影响天气的权力服务导向机制

尽管人工影响天气行为属于行政给付，但这并不意味着其不涉及政府权力的运行，恰恰是政府权力的有效运行才能真正体现出人工影响天气行为的服务性与给付性。目前人工影响天气的制度建设没有完全把握住服务型政府的权力运行目标，因此有必要重新解读宪法对于服务型政府权力运行的配置及要求。

（一）宪法对于服务型政府权力运行的要求

1. 宪法的结构体现了以公民为本的服务型政府目标

宪法是国家根本法，因此对于国家的基本权力进行配置是其主要职能。我国现行宪法从其整体结构上就树立了服务型政府的模板。《宪法》文本结构总共分为 4 章，除序言及总纲之外，第 2 章即为公民的基本权利和义务，第 3 章才是国家机构。国家机构是承载国家各项权力的国家组织，将公民的基本权利置于国家机构之前，也就意味着从国家的整体性制度安排上必须要以公民权利为权力运行的指针。

在第 1 章总纲中，宪法交代了国家权力的来源以及国家权力运行的基本准则。尽管从逻辑结构上看，在总纲中出现的公民权利层次上不能说具有更高的位阶，但其重要性是不言而喻的。在《宪法》第 2 条中确立了人民的参与权，这里将国家机关与人民进行了一定的权力分流，首先是确认了由

---

① 杨惜春：《完善我国气候资源保护立法的思考》，湖南师范大学 2006 届硕士毕业论文。

人民代表构成的全国人民代表大会及地方各级人民代表大会是人民行使国家权力的机关；接着，《宪法》规定了人民依照法律规定，通过各种途径和形式，管理国家事务，管理经济和文化事业，管理社会事务。尽管这里使用的是"人民"这一概念，从宪法实施的具体操作性来看，应当确认为是公民的参政权力。公民可以依法在国家事务、经济、文化事业上以法律确定的途径方式进行管理，因为从逻辑上，国家事务就是人民自己的事务，因此在国家权力的运行中公民的参与是宪法所确认的权利。而在人工影响天气制度的运行中很显然这一权利未能得到具体落实。既然是为人民服务，那人民需要怎么样的气候资源理应通过公众参与的制度来听取人民的心声。

《宪法》第5条规定，中华人民共和国实行依法治国，建设社会主义法治国家。这是为服务型政府的运行方式作出了回答，服务型政府的各项服务行为也必须、必然纳入法治之中予以规范。要用制度的力量让政府的服务更符合民意，更具有效益。

《宪法》第13条确认了国家对公民的私有合法财产权的保护，这就为一切国家权力运行提出了基准，不得侵犯公民的合法财产。这对于人工影响天气行为导致的公民人身或财产损害提出了责任要求，国家应当对此进行赔偿或者补偿。

2. 宪法对于公民权利的确认确定了国家权力运行的方向

《宪法》第33条所确立的公民的平等权以及国家对于人权的保障责任可谓是对国家权力的运行提出了基准。如果国家权力的运行不符合保障公民权利平等性及保障人权的要求，该行为将是违宪的。目前我国的法律实施中最大的问题是平等权保障的问题，尤其是人工影响天气行为，自然条件下的气象资源分布有其自身的特点，有的地方干旱少雨，而有的地方则湿润多雨，人力的作用应当是将自然资源有效地分配，让国家每一个地方的人能够享受到资源供给，保障自身的生存。没有良好的生态环境，人权的保障将是有缺陷的。利用人工影响天气来防灾减灾也是立足于对人的生存的保护，以此为目的的国家权力运行即为宪法所确立的国家机构权力的行使方向。应当尽可能地将气候资源平等地予以分配，而不能只强调牺牲偏远地区利益来保障中心城市。气候资源的开发利用会影响到每一个人，因此绝不能以经济利益作为行为的考量，更应注重生态的价值和人生存的保障。自然资源应当属于每一个人，国家权力只是为了满足人民的需求而由国家机构所代管。

3. 宪法对于国家机构权力的安排为服务型政府权力运行提供了监督机制

《宪法》第 3 条中对于国家机关的整体权力关系作了梳理，横向结构上国家行政机关、国家监察机关、审判机关、检察机关的地位是平行的，都由人民代表大会产生，对它负责，受它监督，它们之上的国家机关是人民代表大会。中央和地方的国家权力划分上，遵循在中央的统一领导下，充分发挥地方的主动性、积极性的原则。气候资源不属于地方，因此更需要发挥中央统一领导的宪法权力配置，因此目前所构建的区域性人工影响天气中心的方向应该是符合宪法要求的。

人工影响天气涉及立法、监察、行政以及司法权力的配合。

第一，对于天气状态的人工影响因其涉及资源的调配以及生态环境的保障，需要有法定依据才能行使人工影响天气权力。立法的内容必须符合服务型政府的要求，体现人民的意志，目前的人工影响天气法规范的供给无法适应新时代的需求，需要加大立法的供给力度。2015 年修改的《立法法》对于设区的市的地方性法规、规章的立法权作出了限定，可以对城乡建设与管理、环境保护、历史文化保护等方面的事项制定地方性法规，由此对于人工影响天气行为制定地方性法规、规章应限于省一级。这样的立法权设计提高了对于气候资源有效利用的规范层级，有助于保障气候资源的更大范围的均等化的利用，对于人工影响天气的立法应把握其行政给付行为的特点，强调其对于民众的生存照顾的目的。

第二，县级以上人民代表大会及其常务委员会还具有对一府两院一委的监督职能，对于人工影响天气行为中人大应当切实履行起监督的责任，确保人工影响天气行为的服务性本质的实现。

第三，人工影响天气的行为主要是在县级以上地方政府领导下作出。这里需要考虑两个层面的问题，一是通过限制性行为来营造天气，如为了消除雾霾而限制生产、生活的行为。这一行为之所以受到合法性质疑是基于作出决策时民众的参与权未能得到保障，而对其公益性的认识，显然存在着官方和民间的不同看法。另一个是通过技术手段直接影响天气的行为，从气候资源的自身特点考虑，应当将领导与实施权适当分离，设立跨区域的人工影响天气指挥中心，在县级以上地方政府则保留其实施权，由指挥中心下达指令后具体实施人工影响天气的活动。因此在宪法的权力体制下，现行的人工影响天气法体系需要作出进一步的调整。

第四，人工影响天气中涉及一系列的权力运行，有决策权、规划权、计划权、许可权、处罚权等。根据《监察法》的规定，国家监察机关对所有行使公权力的人员进行监督，涉及进行人工影响天气活动的政府、政府部门、法律法规授权或者委托的组织和单位，按照《监察法》的要求派驻监察机构、监察专员对人工影响天气中行使公权力的公职人员进行监督检查，对违法违纪以及涉嫌犯罪的公职人员进行调查处理。

第五，司法权对于行政权的运行具有监督权能。而对政府实施人工影响天气行为的权力运行的监督权能则还未能有效发挥。从司法权的救济功能而言，其应保障公民、法人或其他组织在人工影响天气活动中应具有的合法权益不受侵害。目前的立法对于人工影响天气行为的法定程序规范不足，尤其是欠缺了行政相对人在人工影响天气中的权利确认。实践中出现了诸多因政府实施规制措施来营造天气条件而限制公民活动的行为，这些行为是否具有合法性？权益受损害的公民能否提起行政诉讼或通过其他方式来寻求权利的救济？解决这些疑问，司法权要发挥对人工影响天气行为的司法监督和对公民权益的保障，还需要立法先行，更需要加大宪法配置的司法权发挥其能动作用。

（二）在宪法框架下人工影响天气组织协调及权力优化

人工影响天气行为的主体要有效履行职责，其组织结构及各组织之间的协调和权力的优化也是保障其服务性行为的重要支撑。《宪法》第 27 条对于国家机关的组织形式和工作要求作出了规范：一切国家机关实行精简的原则，实行工作责任制，实行工作人员的培训和考核制度，不断提高工作质量和工作效率，反对官僚主义。一切国家机关和国家工作人员必须依靠人民的支持，经常保持同人民的密切联系，倾听人民的意见和建议，接受人民的监督，努力为人民服务。这是对所有国家机关的要求，在机构精简高效的同时，不能省略了与民众之间的联系，要保障服务型政府的公众参与制度和机制能够得以落实。

在人工影响天气的行为主体中，最终实施作业的并不是政府而是专业的组织，目前主要是各地的人工影响天气办公室，其性质上属于事业单位。人工影响天气具体作业的前提是实施作业的决定，人工影响天气办公室只是依据决定去具体实施，然而从宪法所要求的精简高效地提供服务而言，这样的公益性事业组织的机构也应纳入组织法体系的调整之中。从我国事业单位改革的指导意见看，人工影响天气实施组织属于公益性组织，在分类改革中仍旧保留事业单位的性质，为社会提供公益服务。

宪法确立的政府权力结构是下级服从上级，地方服从中央。在人工影响天气中，常常需要跨行政区域协作，《人工影响天气管理条例》第14条对于人工影响天气的组织协调作出了规定，跨越省级行政区划的由省一级人民政府进行协商，协商不成的由中国气象局来协调各省级政府确定实施作业。[①]这里所确定的组织协调机制是先由需要跨区作业的省级地方自己协商，协商不成的，由中国气象局来协调有关省、自治区、直辖市确定。如果中国气象局还是无法协调，怎么处理？《人工影响天气管理条例》没有进一步的规定，但是在宪法中这

---

① 《人工影响天气管理条例》第14条："需要跨省、自治区、直辖市实施人工影响天气作业的，由有关省、自治区、直辖市人民政府协商确定；协商不成的，由国务院气象主管机构商有关省、自治区、直辖市人民政府确定。"

是不存在问题的，因为还有最高的国家行政机关国务院可以决定如何实施跨省域的人工影响天气作业。依据《宪法》的授权，国务院可以规定各部和各委员会的任务和职责，统一领导各部和各委员会的工作，并且领导不属于各部和各委员会的全国性的行政工作；统一领导全国地方各级国家行政机关的工作，规定中央和省、自治区、直辖市国家行政机关职权的具体划分。因此国务院对于行政事务具有最终的决定权。

三、人工影响天气行政法制度的完善

行政给付是最能体现出服务型政府行为理念和制度类型的行为种类。行政给付行为的多与寡，给付程度的强和弱与政府的服务功能有着直接的关系。作为一项行政行为，对其研究的方法是从行政法的视角来探讨行政给付推动服务型政府法治实现的机制。行政行为是可以产生行政法上效果的行为，也就是能产生行政法中的权利与义务关系的行为。人工影响天气行为既然是行政给付行为，那么就有必要从行政给付行为的特性来对人工影响天气行为的权利义务体系进行分析，为其行政法制度的完善提供理论铺垫。

（一）人工影响天气行为的权利视角分析

从《气象法》及《人工影响天气管理条例》中的相应规定来看，人工影响天气的行政行为主要是政府依据职权作出，其中也有规定应要求提供专项有偿服务的，如各省、自治区、直辖市制定的人工影响天气管理的地方性法规或规章中都有从事人工影响天气活动的单位在确保完成有关人民政府批准的公益性人工影响天气工作计划任务的前提下，可以根据用户要求，依法开展人工影响天气有偿专项服务的内容。这里就区分了两种不同类型的人工影响天气活动：一是由政府计划批准的公益性的人工影响天气活动；二是由客户向人工影响天气活动实施单位要求的人工影响天气活动。第二种属于商业性质的人工影响天气活动，不属于行政给付。

行政法中的权利义务关系一般具有对应性，即行政主体的权力针对行政相对人的义务，而行政相对人的权利则针对行政主体的职责。既然人工影响天气行为就民众来说具有生存照顾之功能，对于民众而言其应是以权利为主导的行为，蕴含于公民在人工影响天气中的最为重要的权利即为生存权。人的生存离不开气候资源的供给，应该说自然状态下的各种天气状况都是人所需要的，农民耕作需要水灌溉农作物，粮食收割后需要阳光晒，取水用的风车需要风的能量予以推动。雷电发生时，大气中的闪电通道可达几公里长，温度很高，有大量的氮和氧化合成二氧化氮。生成的二氧化氮溶解于雨水中，变成浓度很低的硝酸，落入土壤后，又和其他物质化合变成硝石。硝石是一种很好的化肥。这些天气条件可以给不同的人带来不同的需要。如在自然条件下无法形成人们所需要的天气，通过人工影响作用形成，则满足了人的生存需求。

在社会经济发展的时代背景下，对于生存权的理解也应进行内涵的拓展，不局限于生命权，还应扩展为发展权，随着时代的发展，生存权已经发展为了更好更有尊严地生存的权利状态，其权利的内涵是富有弹性的，基于不同状态的人有不同的权利需求，不一而足。其中还有相应的财产权、劳动权。即便是农民，其在缺水的条件下导致农作物缺收，使其本欲用于出售换取资金的农产品无法变现，此时影响的直接权利是他的财产权而并非直接危及其生命权。气候变迁还会影响到公民的劳动权，如河道管理员，在河流因为缺水干涸后而失去工作岗位。

人工影响天气行为还涉及公民的环境权以及健康权。这种环境权不仅限于自然环境也包括了居住和生活、工作环境。其权利内涵有享受清洁空气权、享有清洁水源的权利、免受过度噪声干扰权。恶劣的天气会导致环境的破坏，即如雾霾天气会直接影响人的身体健康，空气质量恶化。

以上权利属于人工影响天气中的实体性权利。权利必须是可以行使并能得到国家的有效保障才能成为真正的权利，我国的人工影响天气制度运作只强调了政府的给付，这种给付是单方性的，目前的制度还未能真正形成以公民之需求为导向的服务型行为模式。从行政给付的行为视角看，除此之外，作为受人工影响天气行为影响的相对方，在行政法上除实体权利之外，作为受人工影响天气行为影响的相对方或相关方在程序上还应具有以下权利。

1. 参与权

人工影响天气中的参与权是指与人工影响天气利益相关、有可能会受到人工天气行为影响权益的人，参与到人工影响天气行为的决定过程之中，就涉及的事实问题和法律问题阐述自己的主张，从而影响人工影响天气主体做出有利于自己决定的权利。与可以直接产生法律效果的实体权利不同，参与权是典型的程序上的权利，它的作用在于通过参与到决定过程之中，以向行政主体提供意见和建议的方式，其效果的发生取决于行政主体对其意见或建议的赞同和采纳。参与权是宪法所确认和保障的公民的一项基本权利，在行政法的具体体现上，它可以通过诸如请求权、听证权、申辩权等项权利得以实现。

人工影响天气行为作为行政给付领域的行为，其参与权主要包含两个层面的意义：一是宪法层面的参与权，《宪法》第2条中对人民参与国家事务的权力作了规定，第27条要求一切国家机关及工作人员必须依靠人民的支持，经常保持同人民的密切联系，倾听人民的意见和建议，接受人民监督。第41条规定了中华人民共和国公民对于任何国家机关和国家工作人员，有提出批评和建议的权利；二是法律层面上的参与权，主要包括与人工影响天气行为利益相关的相对人依据有关的法规范的规定所享有的获取信息、进行陈述、提出异议、进行申辩等诸项行政法权利。

2. 请求权

公民在拥有行政给付的实体权利时，这些权利是否能通过自身积极主动的申请而获得政府的给付呢？既然目前的立法已经允许用户通过付费的方式来获得人工天气的服务，作为公民所享有的获得行政给付的权利也没有任何理由不允许公民通过法定程序申请。否则难以解释服务型政府为何可以拒绝公民基于生存需求而向政府申请供给公共产品的合法理由。作为接受申请的政府部门，对于公民的申请应当有接受的义务，对申请进行审核、决策的义务，拒绝申请的有答复和告知理由的义务，决定同意的有依法实施人工影响活动的义务。申请人则需要对人工影响天气行为的实施给予必要的配合与协助。这也是人工影响天气的行政法制度构建需要完善的。

3. 听证权

人工影响天气行为的实施对环境和其他相关人会产生一

定的影响，而且受人工影响天气行为影响的范围具有不特定性，行为本身有可能会对环境、农业、水利、交通、旅游、城市建设、自然资源开发等产生影响。可谓涉及面极广，为了让人工影响天气更具有科学性和受益性，应当在人工影响天气中赋予可能受人工影响天气行为影响的相对人或相关人听证的权利。对于一般性的行政行为，在进行调查时，都赋予了相对人陈述、申辩的权利，这也是保证行政法治公平、公正、公开的具体要求。听证权不仅是针对公益性的人工影响天气行为，对于商业化的人工影响天气行为其影响是同样存在的。在行政许可法中也已经确立了涉及公共利益的重大行政许可事项应当引入听证程序，因此政府在作出人工影响天气行为的行政许可时同样要允许可能受影响的公民、法人或其他组织申请听证的权利。

4. 异议权

对于诸如给付生存保障金、抚恤金等可以具体针对个体的行政给付而言，人工影响天气行为一旦作出，其所影响的是不特定的人。因此，为确保人工影响天气行为的公开性、公正性和可接受性，在法律制度设定上应当设立人工影响天气的异议程序，任何对人工影响天气行为存有异议的个人或组织均可以通过该程序提出异议，并获得解释和说明。人工影响天气行为的异议权人主要包括申请人和利益相关人。人工影响天气的异议应当具有中止人工影响天气行为程序的法律效力。对于较为重大或重要的人工影响天气，异议程序中的当事人可以是地方政府，异议程序可以作为听证程序的前置或补充程序。但异议权的行使需要建立在信息公开的基础之上，进行人工影响天气行为之前进行公告，否则只能剩下事后的救济权。

5. 救济权

法谚有云：没有救济就没有权利。人工影响天气行为尽管是行政给付行为，但并非就不需要救济制度。实践已证明，诸多行政给付行为会造成相对人权利的损害。人工影响天气行为本身就是一种高度危险的行为，一旦实施不当，其危害后果是严重的。因此在人工影响天气的法律制度中必须要设定救济权。气候资源，尤其是云雨资源具有较强的流动性，人工影响下一定程度上改变了其自然流动的轨迹，将会导致本来应当降雨的区域没有降雨或者雨量减少，这种情况下，需要雨水资源的地区如果明显知道是因为其他区域的人工影响导致的这种结果，应当可以通过一定的法律机制来寻求救济。救济的效果在于纠正、恢复或矫正已发生或已造成的合法权益的伤害、危害、损失或损害的不当行为。可见，救济权在形式上体现为纠正权，在时间上体现为事后权。人工影响天气行为中利益相关人或相对人的救济权是指在其认为人工影响天气行为的决定主体或实施主体在实施人工影响天气给付行为时违法或者操作不当，造成其合法权益损害时依法向有权国家机关要求予以赔偿或者补偿的权利，其权利类型主要包括申请复议权、起诉权、赔偿请求权等诸项权利。在日益拓宽的公益诉讼领域中，人工影响天气行为也应纳入其中。因人工影响天气行为也是较为典型的涉及公共利益的行为，与环境问题相似。

（二）人工影响天气的行政决策制度完善

所谓行政决策应该是由行政主体或者说是能代表行政主

体的公务人员为了履行该行政主体的职能，实现行政目的而作出的能对其自身或由其行为而产生的行政相对人的权益产生影响的决定。行政决策既是一个行为的整体概括概念，又是对该行为的结果的概称，是静态与动态概念的结合。基于决策过程对决策结果的影响，不仅行政决策的结果重要，其决策的行为过程也同样重要。

服务型政府与法治政府建设应当是相行并进的递进关系。建设法治政府，离不开对于行政决策的程序、内容予以法治化的规范，从而进一步建立健全科学民主法治的决策机制。这需要首先在法治的顶层设计中科学合理界定各级政府和政府各部门在人工影响天气行为中的权限，目前的立法表述上，实际上落实到最终的人工影响天气的作业到底是地方政府决定还是具体区域的气象部门决策并不清晰，因此难以依法确定各个主体之间的行政决策责任。行政权限的大小又会影响到行政决策权内容的深度与广度，即如从立法文字的表述上看"计划"是比"规划"明显幅度更小的行为，而决策本身即是行政权力运行的重要方式，必须从法制上完善决策规则和程序，并建立健全决策跟踪和责任追究机制。切实做到依法决策、科学决策、民主决策。

人工影响天气行为的行政决策具有专业性与技术较强的特点，其又与人民生活有直接的影响。"现代行政决策不再是行政机关的单方行为，更不是领导层所谓的'精英'行为，而应当是相关利益主体的共同行为。"[1] 因此在人工影响天气行政决策中其决策主体必须要扩展，除了政府、气象机构之外

---

① 张西道：《平等理念视角下的行政决策分析》，《桂海论丛》2013 年第 1 期。

还应当进一步拓展。党的十八届四中全会决定中对于健全依法决策机制提出了较为严格的要求，把公众参与、专家论证、风险评估、合法性审查、集体讨论决定确定为重大行政决策法定程序。

人工影响天气作业以及计划、规划的制定，政府以及气象机构在商同其他政府部门基础上，还应当举行专家咨询、论证会，听取气象专家、人工影响天气技术专家、环境专家、法律专家等各领域专家意见。在引入专家进行的行政决策，对于专家的意见应当进行存档。因实践中出现诸多滥竽充数的所谓专家，还有一些因利益关系而忽略事实真相而为相关利益主体代言的专家，其意见一定程度上对专家的形象产生了较大的负面影响。对于查证属实的代言性专家意见和出现重大常识性错误的专家意见应当进入专家诚信档案之中，以维护专业知识、专业技术的权威性。专家介入人工影响天气的另一个重要形式是对于人工影响天气的风险评估。天气是变量极大、变化极快的自然现象，要对其进行评估有一定的难度。科学的态度是选取实施具体作业的机构之外的专家来执行对于人工影响天气效果的评估，并且需要坚持长期的跟踪评价。专家的评估是为人工影响天气的效果提供了较为权威的证明，也为实际处理人工影响天气中的利益分配、致损之后的法律救济提供权威性的证明依据。

公民是政府服务的对象，理所当然要对服务的内容有权知晓，有权提出自己的见解和要求。尤其是与自身生活关联紧密的天气状况。在人工影响天气实施范围内可能会造成合法权益影响的公民、法人或者其他组织应当能够通过法定的方式参与到人工影响天气的行政决策中去。公众参与已成为目前行政法制度构建中常常被引入的制度类型，然而对其的质诉也较为突出，如"听证专业户"导致听证出现形式化的现象也较为普遍。因此我们需要探讨什么样的行为可以称之为参与？现今的学术界对于公众参与的话题可谓热度极高，从目前的相应的法律规范和学界观点来看，似乎只要公众能有一个途径说话，发表自己的意见就是参与了，当然这比专制社会禁止人们言论自由的禁锢而言当然是进步了，但是参与行为应如何确定其实还涉及一个关键问题，就是参与权。"福柯指出：话语是一种权力关系。"①笔者认为参与权不仅仅是有地方说话，而是要能起到一定的作用。"没有任何'决策影响力'的行政参与不仅会无谓地耗费参加人的参与成本以及行政机关的行政成本，而且会降低公众对行政机关的信任，甚至会使参与过程被视为一场'骗局'"。②在提及公众参与的优势时，众多学者有一些比较趋同的看法，如在论及听证制度的功能时有学者指出它"使得相对人的不满情绪可以通过平和的法律机制予以表达、发泄，而不至于因表达意见途径的缺失而采取对抗，不合作，甚至暴力手段发泄不满。而且，听证制度能保证行政行为的作出考虑相对人的意见，使人民有参与行政决策的机会，进而提高行政决策的正当性。即便行政主体没有采纳相对人的意见，相对人因对此所可能造成的后果已参与了预期性论证及相应解决机制的论证，故可以消弭其行为作出可能会产生的社会争议，从而有效疏导、

---

① 谢新水：《行政模式中的行政决策话语权阐释：形成与表达结构》，《河北师范大学学报（哲学社会科学版）》2013 年第 3 期。
② 刘福元：《公民参与行政决策的平衡性探寻》，《国家检察官学院学报》2014 年第 2 期。

缓和社会矛盾"①。笔者并不否认所谓参与的上述功效，但是这并非全面，如果参与只能保障一个声音的播出而无法让公众的意愿有效实现或者得到尊重和有效的反馈，终会造成社会心态的失衡。因此公众参与的制度不能仅仅只是保障表达意见这种低层次的参与，而是必须保障公众参与的实体权，即公众从被动的被决策的角色能转变成决策的参与者，至少是决策者之一。这才是有效提升行政决策能力，保证公众参与有效性的途径。当然公众如何参与，话语权的比例也是影响行政决策质量的因素，不可能将公众参与等同于民主投票制，这样也违背了宪法所提出的"民主集中制"的原则。毕竟，行政决策还是需要行政决策机关最后集中行使决策权，如何以法治化来建构公众参与的制度形式也需要考虑到当今信息时代背景下电子信息技术的应用，将电子信息技术与民主因素通过技术与制度的链接，推动人工影响天气中行政决策的科学性、民主性和法治化。

如何提升人工影响天气行政决策的质量，有赖于决策者能将技术理性与制度刚性结合，在进行行政给付活动的决策中坚持以人为本，以"公众为中心，以服务为导向"。实质上，正所谓万变不离其宗，政府服务能力的提升，必须坚持宪法所确定的法治政府目标，决策的质量的底线应当是合宪、合法，达至"保障和尊重人权"。

（三）人工影响天气行为行政程序的完善

法治的机制形成最重要的措施是对行政法律行为的程序予以完善。人工影响天气行为作为一项服务型政府与法治政

---

① 姜明安：《行政程序研究》，北京大学出版社 2006 版，第 44,45 页。

府下重要的保障民生，提供公民生存照顾职能的政府行政行为，其程序的完善是通往制度完善的必备路径。人工影响天气的程序完善必须考虑通过内部程序与外部程序相结合予以完善。

1．内部程序的完善

有德国行政法学者认为以内部和外部效果为标准，可以将公共行政划分为如下三种：（1）内部行政。指针对内部的行政活动，其作用是创造公共行政所必要的条件，包括组织、人员、财政以及内部监督。（2）中间行政。指行政主体之间的活动，包括行政机关和机构之间在行政过程和程序方面的正式或者非正式的合作、附和、参与等活动。（3）外部行政。指行政主体对外进行的活动，针对行政主体与个人和有关的第三人之间的关系，以及国家行政和地方行政之间的关系。①这种分类固然有其一定的合理性，但笔者更倾向于将第一种与第二种合为内部行政的范畴，统称为内部行政，理由是在我国一个行政主体内部和行政主体之间的公务活动关系的处理，明显与外部行政不同。应从整个行政系统的范畴来框定其内外部行政的范围。在其协调和处理行政主体之间权限关系和内部机构之间职权关系时，即会有行政主体内部和不同行政主体之间的法律关系产生。

人工影响天气的内部程序有两个核心：一是行政内部协调；另一个是人工影响天气的行政内部操作程序。直接作用于天气的人工影响天气行为具有较强的时效性，其条件会随

———————

① ［德］汉斯·J.沃尔夫等著：《行政法》（第一卷），高家伟译，商务印书馆2002年，第30页。

着时间发生变化，如不及时作出决策并实施行为，会耽搁时间、错过时机。因此，此处主要应规范好行政主体之间的协调关系。这关键在于通过制定各部门相互配合和协调的程序性规范，也就是要建立好内部行政协调程序。行政协调包括的范围很广，我们这里只谈在人工影响天气中的行政协调。人工影响天气行为所涉及的部门较多，各部门之间主要是由本级人民政府进行协调。而在人工影响天气涉及几个相邻行政区域之间关系时，就应设立跨地区的协调机制。这方面从目前实际情况来看是比较欠缺的，人工影响天气还处于各地"各自为战"的状况。要解决这一问题可建立人工影响气候协调机构，《气象法》以及《人工影响天气管理条例》中规定了人工影响天气工作按照作业规模和影响范围，在作业地县级以上地方人民政府的领导和协调下，由气象主管机构组织实施和指导管理。"社会一体化要求重视加强行政协调。在现代化建设过程中，由于科学技术的飞速发展和各种信息的广泛传播，人们之间的联系日益紧密，各种社会事物的相互交叉成为常态。这种状况导致许多社会问题的解决都不是一个行政机关、行政部门所能独立完成的，它要求各有关部门相互协作、齐抓共管。社会发展进步所引发的行政部门之间的横向联系的日益广泛，使得行政协调成为一种必然要求。"[1] 协调的前提应当是信息的互通，因此协调机构应当建立在获取信息比较全面的机关中设立。《政府信息公开条例》规定了在县级以上地方人民政府办公厅（室）或者县级以上地方人民政府确定的其他政府信息公开工作主管部门负责推进、指导、协调、

---

① 史瑞丽：《行政协调刍议》，载《中国行政管理》2007年第6期。

监督本行政区域的政府信息公开工作。从精简和效率的角度考虑，把人工影响天气协调机构设置在政府办公厅（室）是比较合适的，但从行为的专业性考虑则应设置在气象部门。人工影响天气已经在我国实施多年，对于各作业部门之间的分工配合方面的协调已经较为成熟，跨区域的行政协调在目前的大经济区的构建中也实际在运行。协调的难点与重点是与作业区相邻接或可能受人工影响天气影响的地区之间的利益协调与平衡，还有利益减损的补偿机制。这里需要进一步完善的有地区间信息的及时交流，地区之间对于云雨资源的利用分配，包括地区之间因人工影响天气导致灾害的支援与补偿等各项制度的法治化建设等。其协调主体虽为行政主体之间，但其目的是为了保护公民的合法权益。

人工影响天气会导致局部气候变化对环境造成影响，人工影响天气带来的水资源的区域协调利用等诸多现实问题均需要在理论上与实践中逐步完善。人工影响天气属于具有双重效应的行政给付行为，对于工农业生产以及人民生活既会带来好处也会导致损害。即便是急需用水的公民、法人以及其他组织，如在未能及时做好准备，采取防护措施来应对降雨，也会给其人身或财产带来难以预料的损害。对于空中的云水资源来说，其位置是不固定的，而且很有可能本地实施了人工降雨而影响到其相邻地区的水资源利用而导致地区纷争。人工影响天气是一种地域性的给付，而空中云雨资源在特定的时间和空间内是有限的，一个地区使用了，另一个地区将无法使用，对一个特定区域内可能是获益的，而对另一个地区却可能带来损害。在此过程中有可能发生公共利益和个人利益、整体利益和局部利益，甚至公共利益之间的冲突，应当建立何种机制以平衡这些利益之间的关系，如何建立好地区间人工影响天气的协调机制是一个目前急需解决的实践上的问题。政府作为履行保障本地区公民权益的国家机关，必须在利益平衡上采取有效措施。实际上，目前立法所涉及的行政协调并不是一个具有完整程序和有确定结果的行为，协调不成要不就是不了了之，要不就是再次上报对于参与协调的各方主体都有行政领导和管理权限的上级行政机关作出决定。其运作的方式基本体现出的是行政化的行为，而不是法治化的行为。我们在现有的制度设计上强调的是整体利益的替代性，如由政府的决定代替整个行政区域内的个人和组织的意愿。目前行政协调的效果重在强调执行，而不是保障各方的利益通过协调得到合理的分配。

从《气象法》《人工影响天气管理条例》看，对于人工影响天气的协调规定非常简单，基本没有涉及行政协调程序的规范。行政协调除了利益的博弈之外，协调的科学性和法治化是必须要注重的两大行为因素。从协调的环节看，有两大部分：一是人工影响天气的决策，二是人工影响天气的作业。为了减少协调环节对于人工影响天气行为的阻力，决策环节上应当通过组织的优化实现。目前的做法是将我国的作业区划分成几大块，如目前已经建成的东北区域人工影响天气中心，由其来决策东北区域的人工影响天气作业，这样就解决了跨省市的人工影响天气的决策协调问题。这样的措施在一定程度上解决了人工影响天气的行政协调问题，但不能解决根本问题，因为仍旧会出现区域与区域之间的协调，区域内部的行政区划之间也会出现利益不均衡而需要协调。在作出决策之后就是具体实施人工影响天气的问题，实施中也会涉及诸多部门之间的协调。我国目前的执法协调主要是由主管部门牵头进行，部门协商不成报共同上级裁定。

广州、深圳、湖北、北京等地都曾通过地方立法的形式来规范行政协调，然而最终的决定结果仍旧取决于政府或政府主管部门，如若协调不成还是由本地的最高行政机关——政府来作出决定。广州、深圳采取的方式是由政府法制工作部门来组织协调，并可出具法律意见书对该由谁来进行执法提出法律意见。这个做法在当地起到了一定的作用，也为法治化解决行政权限纠纷提供了很好的制度借鉴。

但笔者认为更进一步的法治化途径应当是设立类似于"权限争议法庭"或者"仲裁庭"等专门解决行政执法权限争议的机构，在机构组织协调之后仍不能达成协议的，通过"法庭"或"仲裁庭"依法作出裁决，仲裁庭的内部机构应当根据不同的行政业务专业领域来设置。裁决庭指定的执行机构必须按照裁决内容执行发生争议的行政业务，否则将承担法律责任。在时机成熟时也可以考虑赋予法院行政审判庭对行政机关权限争议的裁决权。

不管未来采取何种方式来解决行政权限冲突的协调关系，首先，在程序上必须要有较为明确并具有可操作性的法规范；其次，是进行裁决的程序应当是居间性和司法化的；最后，权限冲突的解决与行政协调的根本目的在于促使政府及所属部门围绕着服务行政的方向行使行政权，需要解决的核心是行政给付的能力问题。

2. 外部程序的完善

由于缺乏行政给付行为的理论与理念的指导，从目前的行政运作程序看，人工影响天气从决策到实施基本属于行政内部操作，外部程序严重匮乏，只有到了其实施结果出现之后才会带来外部影响，公众参与的途径几乎没有。从实际效果来看，作为人工操作下的一种天气状态，其时间和范围是事先计划的。但其人工可控程度是有限的，一旦操作不当或因天气变幻，会给作业区内外的人带来意外的权益侵害。据报道，2013 年 3 月 28 日，广西壮族自治区容县公安局指挥中心接到一村民报警称：在自家的屋背后发现了一枚炮弹，请警方迅速出警处理。接警后警方及时嘱咐该群众立即撤离到安全地带，同时迅速指令容厢派出所民警赶到事发地对现场进行保护，并向指挥中心领导报告及通报治安部门。治安部门接到通报后，联合派出所民警对现场的弹体进行了勘查，在弹体上发现有"增雨防雹火箭"字样。指挥中心随即联系了县气象局，最终确认该弹体是气象局于当天上午 9 时许在容州镇龟河水库发射的人工降雨火箭弹。经查，该火箭弹因尾部降落伞失灵而高速坠落，所幸未造成人员伤亡和房屋毁坏。① 类似这样的新闻报道并不罕见，可以见诸各大媒体和网络之上，如果气象部门在实施人工影响天气作业时能够采取信息公开的方式，并通知可能受到影响的周边公民及单位，有利于采取及时有效措施消除危险。

因此，作为一种较为特殊的行政给付行为，应尽量在其外部程序上能让相对人有参与的方式或途径。在人工影响天气的外部程序完善上，信息公开程序是最为关键的，另外基于天气影响的不完全可控性，在人工影响天气中会遇到突发

---

① 玉林市公安局：《容县：人工降雨炮弹坠落险砸民居——民警及时处置排险情》，http://www.gazx.gov.cn/gxgat/report/7123.jhtml。

性情况，此时应急救助程序必须要发挥功能，还有对保障公民权利至关重要的事后救济等几个方面需要重点完善。

（1）信息公开

信息公开是行政程序的基础，没有信息公开的地方要想权利得到法治的良好保护几乎就是"天方夜谭"。而关涉行政决策质量的首要因素也是信息，在完善行政程序中所需要的信息交流和共享的问题涉及的就是信息公开、信息安全方面的法治建设。我国在信息公开这方面的法制工作已有所进展，国务院早在 2007 年就已经制定和颁布了《政府信息公开条例》。《气象法》中对于气象预报与灾害性天气警报做了专章的规定，国家对公众气象预报和灾害性天气警报实行统一发布制度。这些规定主要是指天气的预报，对于人工影响天气的信息公布上，国家层面的立法显得较为滞后，《人工影响天气管理条例》只是要求予以公告，对于公告的形式、时限、如何公布等程序上的内容都是空白。在地方立法上大部分的省市都未对公告程序作出具有操作性的规范，有的地方立法授权气象部门制定人工影响天气行为公告的实施办法。值得一提的是《长春市人工影响天气管理办法》中对于人工影响天气行为的信息公告作出了具体的规范。该办法第 17 条^①中对于信息公告的主体和公告的内容作了确定。从 17 条

---

① 《长春市人工影响天气管理办法》第 17 条："实施人工影响天气作业，市气象主管机构应当提前向社会发布作业公告。作业公告包括下列内容和事项：
（一）发布作业公告的依据；
（二）开展作业的时段；
（三）作业影响的区域；
（四）作业所用高射炮、火箭等设备；
（五）落地未自毁的故障炮弹、火箭弹及残留物的处理和联系方式等。"

的规定内容看，在应提前多长时间公告、采取何种形式进行公告并未具体规定，因此仍有不足，导致信息公开责任难以有效确立，实践中的人工影响天气作业公告五花八门。

我们通过在网上搜索到 2016、2017 年度的 3 个人工影响天气公告进行比较分析，有内蒙古自治区多伦县、河南省永成市、山东省寿光市。

寿光市人民政府人工影响天气办公室于 2017 年 3 月 27 日发布的公告中，行文内容上没有分项，只有一段文字，内容涉及 4 个方面：其一实施人工作业的时间为 2017 年 3 月 1 日至 12 月 31 日期间；其二地点涉及几个具体的地名没有具体划出作业地位置；其三作业工具 37 高炮及火箭；其四交代遇到落地未爆炸或未燃烧的炮弹或火箭时保护现场并及时与当地作业机构和公安机关联系。①

多伦县气象局 2017 年 2 月 23 日在政府信息公开网站上公布的《人工影响天气作业公告》比寿光市的内容多，而且分 5 项列明：一为作业时段，2017 年 3 月 5 日至 2018 年 3 月 4 日；二为作业区域，多伦县行政区域；三为作业装备，为飞机及车载式人工增雨防雹火箭；四为事故处理，强调任何组织和个人，发现未燃烧完的人工增雨火箭弹残体时，应及时通知公告中的管理机构等候处理，不得擅自拆卸和搬动。若因人工影响天气作业引发的意外伤害事件，必须迅速抢救伤员、抢救国家和群众财产，及时疏散围观群众做好事故现场保护工作，同时向当地公安机关和多伦县气象局报告；五

---

① 参见"寿光市人民政府人工影响天气办公室人工影响天气作业公告"，http://xxgk.shouguang.gov.cn/QXJ/201703/t20170327_1836674.htm。

为作业管理机构及联系电话。①

以上两个人工影响天气的公告信息存在着时间、地点不确定性，尤其是多伦县的公告，一年里每天都是可能的作业时间，公告完全没有了针对性，仅仅是聊胜于无而已。相比较而言，永成市的人工影响天气作业公告应当值得肯定。其一，作业时间确定：2016 年 3 月 7 日至 8 日。其二，相对于多伦县将作业范围确定在整个县区而言，永成市的地点确定为行政区域内的三个镇、区。其三，对于作业期间周边居民、单位应当注意的事项交代得较为清楚。②

尽管如此，以上三个公告都出现了一些共同的问题，一是地点只是相对明确，并不是很具体，一个镇的范围还是很大的。二是只是对于作业装备使用可能出现的危险提出了警告，没有对影响天气可能造成的其他影响进行告示和防范指导。由此可见，在没有将服务型政府理念融入人工影响天气制度的情况下，信息公开的模式都还是家长管制子女式的风格。另在人工影响天气决策程序上，没有信息公开的要求，也没有公众参与的制度建立。

信息在行政决策主体之间的自由流通是打破行政决策体系封闭性的一剂良药。政府信息的对外公开，必须保障公开信息的质量。所谓信息质量是指信息传播的及时性以及其与公众生活的密切相关性。人工影响天气公开的政务信息既应包括已经作出的决策，也应包括即将作出的决策的相关情况，

---

① 参见"内蒙古自治区多伦县气象局人工影响天气作业公告"，http://www.dlxzf. gov.cn/dlgovmeta/dlgovinfo/zwgk/zfdt/gggs/201702/t20170223_1715171.html。
② 参见"永城市气象局人工增雨办公室人工影响天气作业公告"，http://www. jryccm.com/content/?25149.html。

供公众来探讨或征询意见，政府在人工影响天气上对公众的回应性或称之为双方互动性更应有相应法治程序与法治方式来予以保障。

在人工影响天气的信息披露上应做到，在作出人工影响天气行为之前，必须应通过有效途径告知相关范围内的公民或单位组织，让其有一个提出建议和意见的参与程序，即如行政听证、公开征求意见的程序。在作出人工影响天气决定之后，对于作业的内容再进行公告，公告应利用目前各种有效的媒介进行，所有合法提供信息的媒体、媒介都应可以向社会提供人工影响天气的信息，也应包括自然状态下的气象信息。只要各媒体媒介在公布信息时注明真实的信息来源即可，并且气象部门也不应向媒体或公众收取信息费用，否则将违背气象信息以及人工影响天气信息提供的行政给付行为的性质和功能。在公告的时间确定上应考虑让可能受天气影响的地区的公民或组织能做好准备为限，预防人工影响天气行为所带来的不利影响。如果情况较为紧急，则应当采取更为直接的方式予以告知，将可能造成的损害减少到最低的程度。除了向作业区内以及相邻地区的公众进行相关信息公开之外，气象部门还应有针对性地进行灾害性天气预防的指导活动，以便能充分利用资源，避免灾害和损失的发生或者尽量减少因人工影响天气所造成的损害。在《长春市人工影响天气管理办法》中所规定的信息公告其亮点之处在于要求对落地未自毁的故障炮弹、火箭弹及残留物的处理和联系方式等信息必须要进行公布，这对于处理作业中常常导致的风险以及风险的责任者有了公开的指示，便于受影响的公民和组织减少恐慌，并可有效地进行危害救济。

（2）应急救助

人工影响天气行为本身就具有相应的应急特点。《突发事件应对法》中将突发事件定性为：突然发生，造成或者可能造成严重社会危害，需要采取应急处置措施予以应对的自然灾害、事故灾难、公共卫生事件和社会安全事件。在《气象灾害防御条例》中要求气象部门应当在本级政府的领导和协调下，根据实际情况组织开展人工影响天气工作，减轻气象灾害所造成的影响。在人工影响天气活动成功或不成功时均有可能形成一定意外事故。即便采取了措施也仍然难以完全避免，这时就需要政府部门进行应急救助。如目前城市中的排水设施均不同程度地存在问题，因大雨造成路面被淹，车辆行人被困的情况已屡见不鲜。除了在出现险情后采取紧急措施来排除外，应在事前制定好应急预案，规划好出现险情时的处理程序和步骤。《人工影响天气管理办法》对人工影响天气的应急程序上没有进行具有操作性的具体规定。

在程序的完善上，第一，在应急救助程序上必须与信息公开程序融合，信息首先应当在担负有应急救助职能的相关部门中得到有效供给。信息的提供必须要保障及时性、权威性，应当建立起信息接收的回复制度以避免影响信息发布的实际效果，确保涉及应急救助的部门真正获取相关信息。统一、成熟的应急指挥平台对于各项突发事件的处理都是必需的，这也是政务信息化系统建设的要求，人工影响天气的信息发布和联动也必须要融入其中。

第二，人工影响天气作业的计划和规划中，应急救助应当是其中的重要内容。尽管突发事件是非常态的，但是对于应对突发事件的准备程序应当是常态化的，否则遇到突发事件时无法及时应对。在编制计划与规划时明确所涉及的有关部门的职责，如财政部门、民政部门、卫生部门、交通运输部门、电力部门、通信部门、城市建设部门、国土资源部门、农业主管部门、水利主管部门、公安部门，人工影响天气还涉及空管部门、军事部门等。因此，建立规划编制合议机制是预防灾害，确保救助程序科学性与可操作性的关键。

第三，应急救助中的协调机制的完善。在《人工影响天气管理条例》中强调了气象部门对于作业的协调职能①，在人工影响天气的应急救助中，因为气象部门是主要落实部门，对于相关的情况它比其他部门更为清楚，信息也更为全面和专业，因此必须确立以气象部门为主导的应急救助体系。其他相关部门接到气象部门的救助指令时应当立即予以协助执行，而不要再依靠于常规化的行政协调程序，转由政府进行协调。因此这里必须通过立法给予气象部门相应的职权，并且设定对于不按照指令履行应急救助职责的部门和责任人员给予行政处分的责任机制，职能职权的明确能有效厘清程序责任与行为主体，提升应急救助的效果和效率。

第四，应急救助中社会联动机制的完善。服务型政府的构建不仅是政府自身的改革方向，也是整个社会的共同需求，一个不能自我服务的社会难以孕育出服务型政府的模型。在人工影响天气的应急救助中，没有社会的有效支持，该体系是不完备的。"近年来，北京市坚持以应急工作'主责在政

---

① 《人工影响天气管理条例》第14条：需要跨省、自治区、直辖市实施人工影响天气作业的，由有关省、自治区、直辖市人民政府协商确定；协商不成的，由国务院气象主管机构商有关省、自治区、直辖市人民政府确定。

府、主体是市民'的理念为指导，充分发挥工青妇等人民团
体、慈善协会、红十字会等民间组织以及基层自治组织和公
民在灾害防御、紧急救援、救灾捐赠、医疗救助、卫生防疫、
恢复重建等方面的作用，形成了突发事件应对的社会工作格
局。"① 而非政府组织在应急救助中的功能也日益凸显，在我
国发生的一些重大自然灾害中发挥了积极的作用。国务院于
2017 年 9 月 6 日颁布了《志愿者条例》，条例中要求政府和
有关部门对志愿者服务提供专业指导和帮助，并且可以通过
购买服务的方式支持志愿服务。这是目前为止我国对于志愿
者服务制定的最高层级的立法。有助于指导社会与民间组织
在紧急救援中应如何与政府相关部门进行配合，当然，更为
具体的实际运作的程序性规范还需要下一步的立法来予以完
善。当然，目前我国的社会组织发展还不够发达，制度化程
度较低，需要在法律上的扶持，真正赋予其实体的权利和义
务。值得关注的是近几年新修订的两部法律中出现了公益组
织的身影。2017 年修订的《民事诉讼法》规定，对污染环境、
侵害众多消费者合法权益等损害社会公共利益的行为，法律
规定的机关和有关组织可以行使诉讼权利向人民法院提起诉
讼。2014 年修订的《环境保护法》也规定了对污染环境、破
坏生态，损害社会公共利益的行为，符合法律规定的社会组
织可以向人民法院提起诉讼。随着社会组织的建设日益完善，
对于一些组织完善，具有相应技术与专业能力的民间组织也
可以通过政府购买公共服务的方式来让其提供应急救助服务，

---

① 马怀德主编：《法治背景下的社会预警机制和应急管理体系研究》，法律出
版社 2010 年版，第 134 页。

可以通过签订行政合同的方式确立双方的权利义务关系，并通过立法完善民间组织参与应急救助的程序。

（3）事后救济

对于人工影响天气的风险而言，事前预防无疑是最佳的路径，但任何措施都不可能是尽善尽美的，即便事前做好了预防，但损害的发生往往难以避免。因此对于人工影响天气的救济制度也是必须予以重点关注的问题。既然人工影响天气是一项使民受益的行政给付行为，更应注重对权利的保障。应该说在人工影响天气致损的法律救济途径方面并不能说是缺失的，过去处理这类损害所采用的是民事侵权责任的法律制度。既然人工影响天气活动其性质上属于行政给付行为，其侵权的处理上应当是依据行政赔偿、补偿的救济制度。从行政救济制度的性质来看，除了有对合法权益受损害的主体予以恢复和救济之外，还有对行政主体进行监督的效果。

合法合理按法定程序进行的人工影响天气活动并不能免除实施机关的法律责任，因为程序上的合法无法避免具体实施作业时的失误，对于因此受到损害的相对人应当给予补偿。如因政府需要进行影响天气作业而限制相关组织的生产活动，导致其无法正常经营时的营业损失。对因操作不当，违反法定程序的人工影响天气行为应予以行政赔偿应无异议，但前提是必须进行法律规范的完善，否则救济机制无法落实。相对于目前已经制定出台的《国家赔偿法》，对于在人工影响天气中迫切需要的行政补偿制度的法治化尚未形成。

人工影响天气救济制度的程序完善上，首先是对于责任主体的认定。《气象法》中对人工影响天气行为的主体规定了两个层次，第一是领导、组织、管理和决策主体，《气象法》将其规定为县级以上各级人民政府；第二是实施主体，《气象法》规定地方各级气象主管机构在本级人民政府的领导和协调下，管理、指导和组织实施人工影响天气作业。然而，从具体法规范的内容看，实施主体有一定的不明确性，因在规范了气象主管部门的职责之后，又提出，"实施人工影响天气作业的组织必须具备省、自治区、直辖市气象主管机构规定的资格条件，并使用符合国务院气象主管机构要求的技术标准的作业设备，遵守作业规范。"这说明除了气象主管机构之外，还有一些具体实施人工影响天气的作业组织。这些主体在行政补偿和赔偿上应当如何承担责任？从法理上分析，行为主体的行为违法或侵权是责任承担的归结事由，如果人工影响天气决定本身违法或因决定本身造成的权益损害应由决定主体承担补偿或赔偿责任。如果侵权发生在实施阶段，那是否就是由人工影响天气行为的具体实施者来承担补偿或赔偿责任呢？在行政行为的实施中，有的是决定者为实施者，但也存在着决定者和实施者分离的情况，因此在确定人工影响天气行为侵权后的赔偿和补偿责任，需要考虑责任主体的责任能力和赔偿制度自身所带有的一定的监督功能的发挥。

实际上从《气象法》的条文可以明显看出，人工影响天气行为是政府严格管制的行为。天气是一种自然现象，其产生的影响不可能是仅仅针对个人的，因此人工影响天气所涉及的也绝不仅仅是个人的利益，尽管个人可以成为受益者或受损益者，但政府的这一行为不会是针对个人实施的。因此其公益性是显而易见的，德国行政法学家厄斯特·福斯多夫提出，"'每个人都应该自求多福'是过去社会的信条。今日的社会，人民不再依赖传统的基本人权，而是依赖分享权。这个新兴的分享权唯有依赖公权力的介入，方可实现其功能。"① 公众是不特定的多数，如果依照传统的归责程序来确定赔偿或补偿权请求主体，受理机关将不堪重负。因此，请求权主体必须是基于人工影响天气的行为而遭到权益损害的个人或组织，这里还需要通过专业的评估来确定损害与行为之间的因果关系，专家的技术评估作为第三方介入是必不可少的，如果没有公益组织的帮助或者专门机关的支持，受损害的个人是难以维权的。除了自身所受损害之外，证明人工影响天气的危害的证据不应由缺乏自证能力的公众或其他组织来承担举证责任，在举证责任上必须要确立起举证责任倒置的原则。

最后，在人工影响天气的赔偿和补偿方式上，需要考虑到气候资源的自然属性，针对我国气候资源分布的不均衡，应建立起气候资源较为丰富的区域对于气候资源较为贫瘠的区域进行一定的救助或是补偿的制度。另外，难以确立以金钱赔付方式作为主要方式。原因是受其影响的主体有可能是众多的，一旦出现重大群体性权益受损的情况，更多的要考虑行政主体自身的责任承担能力。因此，采取一些政策性补偿或赔偿则是需要考虑使用的方式。如对于农民可以采取利用政府提供成本价的化肥、农药，或者提供补贴或低息或无息贷款的方式。对于工业企业减免税费，对于个人也可以采取有针对性的扶助措施来形成补偿或赔偿的效果。以行政给付来对行政给付补偿或赔偿应当是服务型政府之下救济制度

---

① 陈新民：《公法学札记》，法律出版社 2010 年版，第 39 页。

的实现新机制。

四、小结

理念是制度的灵魂，没有服务型政府的理念，服务型政府的建成是不可想象的。服务型政府的外在是由众多体现服务行政理念的具体行政行为和抽象行政行为表现的。法治所能体现出来的服务就是对权利的救济和对权力行使方向的控制，可以说人工影响天气行为与服务型政府的结合点就在于对权利的保护和保障之上。气候资源的供给保障的是人的生存与发展，服务型政府的权力来源于人民的授权。如果说在管制型政府之下，对于社会秩序和国家秩序的保障是其政府合法性的依托，那么在服务型政府之下，服务民众、生存照顾则成为其合法性的依托。基于行政行为的类型、性质的不同，其制度的建构要求也有所差异。在服务型政府的背景之下，要把握好人工影响天气的法治实现，必须要针对其行政给付行为的行政法属性，并结合其行为自身的特点以其服务的目标，强化以行为的程序性来规范其行为的合法性的机制建设。

结　语

　　服务型政府一方面需要满足每一个人在国家这个共同生活的场域内都能获得符合人的尊严和自由发展的最低生存照顾，使其达到最起码的生活水平和权利的尊重；另一方面，服务型政府也要保障国家内的良好生态环境、社会秩序和经济运行秩序。

　　人工影响天气行为是从中央到地方各级政府在服务型政府背景之下所要实施的一项重要行政给付行为。近年来，我国人工影响天气工作在抗灾减灾、缓解水资源短缺和生态建设等方面发挥了重要作用。正因为人工影响天气行为赋有的极其重要的生存保障与照顾功能，也基于该行为是各级政府和相关行政部门向社会提供的蕴含服务职能的业务，在我国推进法治建设，建立服务型政府的进程中，对于人工影响天气的法治规范就更凸显其重要性。因而，将清人工影响天气行为与服务型政府之间的法律逻辑关系，论证人工影响天气行为的行政法属性，研究人工影响天气的行政法治问题，对于推进建构我国政府与社会之间通过法治平台进行对话的良性互动是有所裨益的。本书就是以人工影响天气行为作为问题点，通过对于这种特殊行为的关注，推动技术、理论与制度的良性互动、协调发展，促进人工影响天气行为在法治的轨道上健康发展，为我国推进法治行政、建设服务型政府寻求理论支持与制度保证。

参考文献

一、著作

（一）中文类

1. 姜明安. 法治思维与新行政法 [M]. 北京：北京大学出版社，2013.

2. 姜明安. 行政法论丛第 15 卷 [M]. 北京：法律出版社，2014.

3. 姜明安. 行政程序研究 [M]. 北京：北京大学出版社，2006.

4. 林来梵. 从宪法规范到规范宪法：规范宪法学的一种前言 [M]. 北京：法律出版社，2001.

5. 周永坤. 公民权利——有尊严的活着 [M]. 北京：人民出版社，2010.

6. 沈岿. 公法变迁与合法性 [M]. 北京：法律出版社，

2010.

　7. 陈新民. 法治国家论 [M]. 台北：学林文化事业有限公司，2001.

　8. 陈新民. 公法学札记 [M]. 北京：法律出版社，2010.

　9. 陈新民. 公法学札记 [M]. 北京：中国政法大学出版社，2001.

　10. 关保英. 行政法思想史 [M]. 北京：中国政法大学出版社，2008.

　11. 王大敏. 行政法制约激励机制研究 [M]. 北京：中国人民公安大学出版社，2010.

　12. 国务院法制办公室，中国气象局. 气象灾害防御条例释义 [M]. 北京：中国法制出版社，2010.

　13. 沈荣华. 政府机制 [M]. 北京：国家行政学院出版社，2003.

　14. 孙选中. 服务型政府及其服务行政机制研究 [M]. 北京：中国政法大学出版社，2009.

　15. 中国社会科学院语言研究所词典编辑室. 现代汉语词典 [M]. 北京：商务印书馆，2001.

　16. 钮敏. 气象法理论与应用问题研究 [M]. 北京：气象出版社，2009.

　17. 王秀卫. 人工影响天气法律制度研究 [M]. 北京：法律出版社，2010.

　18. 袁曙宏，方世荣，黎军. 行政法律关系研究 [M]. 北京：中国法制出版社，1999.

　19. 吴庚. 政法之理论与实用（增订八版）[M]. 北京：中国人民大学出版社，2005.

20. 马怀德. 法治背景下的社会预警机制和应急管理体系研究 [M]. 北京：法律出版社，2010.

21. 杨海坤，关保英. 行政法服务论的逻辑结构 [M]. 北京：中国政法大学出版社，2002.

22. 杨建顺. 日本行政法通论 [M]. 北京：中国法制出版社，1998.

23. 柳砚涛. 行政给付研究 [M]. 济南：山东人民出版社，2006.

24. 马怀德. 行政程序立法研究——《行政程序法》草案建议稿及理由说明书 [M]. 北京：法律出版社，2005.

（二）译著类

1. 勒内，等. 欧美比较行政法 [M]. 伏创宇，等，译. 北京：中国人民大学出版社，2013.

2. 博·罗斯坦. 政府质量：执政能力与腐败、社会信任和不平等 [M]. 蒋小虎，译. 北京：新华出版社，2012.

3. 卢梭. 论人类不平等的起源和基础 [M]. 李常山，译. 北京：商务印书馆，1962.

4. 韦德. 行政法 [M]. 徐炳，等，译. 北京：中国大百科全书出版社，1997.

5. 奈特. 制度与社会冲突 [M]. 周伟林，译. 上海：上海人民出版社，2009.

6. 南博方. 行政法：第 6 版 [M]. 杨建顺，译. 北京：中国人民大学出版社，2009.

7. 沃尔夫，巴霍夫，施托贝尔. 行政法：第 1 卷 [M]. 高家伟，译. 北京：商务印书馆，2002.

二、期刊

1. 张亮 . 马克思主义国家理论及其当代发展——柯林·海伊教授访谈录 [J]. 学海，2011（2）.

2. 艾理生 . 政党政治对现代政府运作的影响 [J]. 理论参考，2006（8）.

3. 杨利敏 . 亨利二世司法改革的国家构建意义 [J]. 比较法研究，2012（4）.

4. 沈志先 . 邓小平法制思想论略 [J]. 政治与法律，2004（6）.

5. 罗文燕 . 服务型政府与行政法转型———基于"善治"理念的行政法 [J]. 法商研究，2009（2）.

6. 张书克 . "服务行政"理论批判 [J]. 行政法学研究，2002（2）.

7. 廖原 . 服务行政下行政给付内涵的分析 [J]. 武汉冶金管理干部学院学报，2009（3）.

8. 宋功德 . 寻找均衡——行政过程的博弈分析 [J]. 中外法学，2002（2）.

9. 赵世义，汪进元 . 宪法关系论纲 [J]. 国家检察官学院学报，1996（1）.

10. 张千帆 . 宪法不应该规定什么 [J]. 华东政法学院学报，2005（3）.

11. 任国玉，许红梅，张永山 . 人类干预下的气候资源演化 [J]. 环境保护与循环经济，2010（1）.

12. 蔡守秋，王秀卫 . 人工影响天气的法学思考 [J]. 河南省政法管理干部学院学报，2007（4）.

13．黄锡生，杨熹．设立自然资源物权之初探 [J]．重庆大学学报（社会科学版），2007（2）．

14．何书中．气候资源国家所有的合法性质疑——兼评〈黑龙江省气候资源探测与保护条例〉[J]．上海政法学院学报（法治论丛），2012（6）．

15．傅蔚冈．我们需要什么样的社会性规制？ [J]//傅蔚冈，宋华琳．规制研究（第一辑）．格致出版社，上海人民出版社，2008．

16．金太军．新公共管理：当代西方公共行政的新趋势 [J]．国外社会科学，1997（5）．

17．刘熙瑞，井敏．服务型政府三种观点的澄清 [J]．人民论坛，2006（5）．

18．段华明．坚持稳定现行生育政策是重大清醒——兼评是否"放开生育二胎"的争论 [J]．南方人口，2010（2）．

19．刘志刚．论服务行政条件下的行政私法行为 [J]．行政法学研究，2007（1）．

20．谭波．中原经济区框架内政府合作机制之拓新——法治的视角 [J]．河南工业大学学报（社会科学版），2011（6）．

21．辛吉武，许向春．我国的主要气象灾害及防御对策 [J]．灾害学，2007（3）．

22．魏巍贤，马喜立．能源结构调整与雾霾治理的最优政策选择 [J]．中国人口·资源与环境，2015（7）．

23．杨桦，肖宝玭．论人工影响天气的法律救济及法院的作用——以法院参与社会管理创新为视角 [J]．江汉大学学报（社会科学版），2012（3）．

24．张勇．人工影响天气损害的法律救济与预防 [J]．中国地质大学学报（社会科学版），2010（6）.

25. 郝晶.对我国行政行为类型化研究的一点思考 [J]. 前沿，2010（16）.

26. 关保英.行政行为的法律分类构想 [J]. 东方法学，2009（4）.

27. 叶必丰.行政行为的分类：概念重构抑或正本清源 [J]. 政法论坛（中国政法大学学报），2005（5）.

28. 郭润生，张小平.论给付行政法 [J]. 行政法学研究，1994（3）.

29. 王芳.行政给付——弱势群体的保护伞 [J]. 甘肃农业，2006（4）.

30. 刘熙瑞，井敏.服务型政府三种观点的澄清 [J]. 人民论坛，2006（3）.

31. 洪德钦."气候变迁与欧美政策回应"专题绪论 [J]. 欧美研究，2013（1）.

32. 张西道.平等理念视角下的行政决策分析 [J]. 桂海论丛，2013（1）.

33. 谢新水.行政模式中的行政决策话语权阐释：形成与表达结构 [J]. 河北师范大学学报（哲学社会科学版），2013（3）.

34. 刘福元.公民参与行政决策的平衡性探寻 [J]. 国家检察官学院学报，2014（2）.

35. 史瑞丽.行政协调刍议 [J]. 中国行政管理，2007（6）.

三、学位论文

1. 吴佩真. 德国社会国发展之研究 [D]. 嘉义：南华大学欧洲研究所，2003.

2. 傅耕石. 服务型政府的构建：中国语境下的审视 [D]. 长春：吉林大学，2007.

3. 李沫. 公共伦理视角下我国服务型政府的解析及构建 [D]. 长春：吉林大学，2007.

4. 杨惜春. 完善我国气候资源保护立法的思考 [D]. 长沙：湖南师范大学，2006.

5. 梅雪峰. 人工影响天气行为的行政法规制研究 [D]. 北京：中国政法大学，2012.

四、外国文献

1. SCHUCK. Foundations of Administrative Law[M]. Mineola, NY: Foundation Press,2004.

2. KRETZMER D, KERSHMANHAZAN F. Freedom of Speech and Incitement against Democracy[J].Kluwer Law International, 2000.

3.BARNARD C. European Administrative Law in the Constitutional Treaty[M]. Oxford:Hart Publishing,2007.

4.BRADLEY A W,EWING K D.Constitutional and Administrative Law[M].London:Pearson Education UK,2007.

5.FENWICK H.Constitutional and Administrative Law[M]. Abingdon: Taylor & Francis,2003.

6. KÜNNECKE M. Tradition and Change in Administrative

Law An Anglo-German Comparison[M].Berlin: Springer , 2007.

7. MARAVALL J, SANCHEZ-CUENCA I.Controlling Governments:Voters, Institutions and Accountability[M]//MARAVALL J, SANCHEZ-CUENCA I. Cambridge Studies in the Theory of Democracy.Cambridge:Cambridge University Press , 2008.

8.MULLAN D. Essential of Canadian Law:Administrative Law[M].Toronto:Irwin Law Inc , 2001.

9.Whitley R D. The Social Construction of Business System in Asia[J].Organization Studies,1991,12(1).

五、网络资料

1. 2012 年 7 月 21 日北京暴雨灾难过后的思考 [EB/OL]. http://www.360doc.com/content/15/0513/13/19404719_470167373.shtml.

2. 广州鼓励市民抓拍交通违规行为引争议 [EB/OL]. http://china.findlaw.cn/info/case/dqal/273066_4.html.

3. 吴鹏 . 卫生部组织研究地沟油鉴别方法 [EB/OL]. http://news.bjnews.com.cn/2011/0919/131863.shtml.

4. 湖南省委书记: 现在有些部门拿了好处也不办事 [EB/OL]. http://news.sina.com.cn/c/2012-12-27/085925906149.shtml.

5. 人工影响天气概述 [EB/OL]. http://www.weather.com.cn/zt/ty/1259209.shtml.

6. 赵颖 . "APEC 蓝" 从哪儿来? [EB/OL]. http://news.china.com/jiedu/1104-1/.

7. 农民欲告气象局人工降雨 [EB/OL]. http://news.sohu.com/20070605/n250394865.shtml.

8．孟庆凯．论气象法的本质特征 [EB/OL]. http://www.
fw123.net/fanwen/hlhx/37990.html.

9．玉林市公安局．容县：人工降雨炮弹坠落险砸民居——
民警及时处置排险情 [EB/OL]. http://www.gazx.gov.cn/gxgat/
report/7123.jhtml.

后 记

这本书是我以博士后研究报告为基础进行修改、完善而成的。自 2015 年博士后出站到今天整理书稿已经有了一段时间的沉淀，其间身份角色的不断变化也让自己的心态在其中浮浮沉沉。

与博士后的结缘是因于我的硕士及博士导师石佑启教授。2003 年我刚入学，学校实行的是双向选择制度，也就是学生选择导师，导师选择学生。我当时选的就是石老师，原因很简单，因为在宪法学与行政法学导师组中，石老师是最年轻的，也刚任硕士生导师不久，职称也只是副教授，应该是很有精力来指导我的学业的。多少年来我都为当时的这个选择而庆幸。当我读到研二时石老师就晋升为教授了，而在研二下学期我正申请办理提前一年毕业手续之时，石老师又晋升为了博士生导师。石老师的飞跃式进步皆来自他的勤奋与刻苦，以及对于学术研究的专注与执着，在跟随石老师进行学术研究时，总能看到他对于我们学生的论文的指导以及他自己撰写论文的修改，往往是一句话、一段文字反复地推敲。在我即将硕士毕业时，石老师刚结束了在武汉大学的博士后研究工作，并将博士后成果出版，我有幸获赠一本，在研读之时，不禁对博士与博士后有了心的向往。

硕士毕业后一年我又重新回到中南财经政法大学继续师从石老师攻读博士学位，当时石老师任学校的研究生部副主任，所负责的工作中就有博士后管理这一块，他与我平时交流时常谈起博士后的相关工作，我于是对于博士后的情况也就了解得多了一些。在石老师的影响下，更加深了我对学术，对博士后研究的神往。

当然，在那时也只是想想而已，转眼间到了2011年，不知不觉博士已毕业两年了。毕业后我回到了原先工作的学校做了一名法学专任教师，进行宪法学与行政法学专业课程的教学工作。身处的学校是一个成人教育院校，无论是学术氛围，还是学术平台都较低，我所向往的学术道路遇到了瓶颈，还缺乏学术自觉性的我感觉需要寻求一种激励和动力。此时进行博士后研究的念头不觉又重新涌上心头，于是就这个问题我与石老师进行了交流，他也认可我的想法并鼓励我要耐得住寂寞不断地努力。在确定了方向之后，到哪里进行博士后研究又成了困扰我的一个新问题，正当我在网上四处搜索各科研院所、高校的博士后招聘信息之时，接到了一个师弟的电话，他告诉我苏州大学王健法学院正在招收博士后研究人员，而他已经入站了，并邀我也一同去苏州大学做博士后研究。听到这个消息我很是兴奋，于是赶紧上网查询导师信息，师弟给我介绍了苏州大学王健法学院的上官丕亮教授。虽然上官教授并不认识我，但是在电话中他非常热情与耐心地给我介绍了苏州大学王健法学院以及具有招收博士后资格的导师情况，在综合考虑之后，我决定选黄学贤教授做我的博士后合作导师。

因为与黄学贤教授原来并不认识，通过查询学院的网站资料得知黄教授是王健法学院的副院长，不敢冒昧，于是先给黄教授发了封电子邮件，谈了自己的情况及对博士后研究的一点看法，想不到黄教授在很短的时间里就给我回复了邮件，非常热情地欢迎我的加盟。有了上官教授和黄学贤教授的鼓励，我按照王健法学院的要求进行了资料及进站的面试准备。

2011 年 6 月接到王健法学院的通知，于是到了苏州大学准备进行面试，在面试之前我先到了黄学贤教授办公室与他见面，介绍了我的情况，以及博士后研究的选题，黄教授为人非常儒雅、谦和，尽管是平生第一次见面，他仍旧耐心细致地给出了非常有建设性的指导。因为有了黄教授的指导，面试答辩非常顺利，面试之后，终于有了稍微放松的心情游览了苏州大学美丽的校园。这里基本保留了民国时期东吴大学的老建筑，校园看起来古朴而典雅，散发着浓郁的学术韵味，是一个非常适宜静心求学的好场所，心中也暗感荣耀能与这样有悠久办学历史与深厚学术底蕴的高校结缘。第二天正好有一个实务部门专家到法学院来讲座，我也去旁听，席间我非常吃惊地看到黄教授拿着一个开水瓶给与会的人员包括学生倒开水，一个知名的法学专家、一个知名法学院的副院长居然一点架子都没有，这更让我内心由衷地敬佩黄学贤教授。

2011 年年底，接到苏州大学博士后管理办公室的电话，正式通知我成为苏州大学博士研究人员中的一员，从而正式开启了我的博士后研究历程。

我是一名在职的博士后研究人员，除了进行博士后项目研究之外，还需要兼顾原单位的科研与教学任务。其中的艰辛可谓冷暖自知，而黄学贤教授非常体谅我的境况，对我进行了耐心、宽容而细致的指导，让我有了不管身居何处，都心系于学术研究，心挂于王健法学院博士后流动站，也让博士后流动站有了名副其实的意义，人在不断地流动，而一直不变的是诚信做人、学术为先的理念。

2012年入站后第一次迎来了博士后基金的申报，因为我当时不在流动站，黄学贤教授还专门给我发来了邮件，让我认真准备，争取申报成功。按照合作导师黄学贤教授的指导意见：选题不能过于宽泛，应当有一个较为集中的研究主题。我选定的研究主题为"服务型政府的法治实现机制"，这其实也回应了博士期间的那句玩笑（我博士毕业论文的选题是"行政内部监督法治化研究"，快毕业时和同学开玩笑说，如果我继续做博士后，就把研究主题定为法治如何保障政府优质化），因为服务型政府实际上也必须是优质政府，而研究的问题角度，我选取了人工影响天气这一行为与服务型政府相结合，使得研究有了较好的切入点和问题源。当时还是个学术新兵的我，并没有承担过太多的科研课题，对于项目申报也没有所谓的成功经验，只能是踏踏实实，认真准备，于是利用当时正值寒假的这一段时间，翻阅、收集了大量的资料，认真地梳理、撰写了研究综述，拟定了研究框架，并利用中国博士后网站阅读之前申报成功的博士后们撰写的经验分享和心得体会。经过了一个假期的静心与精心的准备，

终于完成了申报材料的撰写工作，在报送了申报材料之后便
是惴惴不安地等待。在博士后基金申报之前和申报之中，苏
州大学博士后管理办公室的张骏老师都给了我很多的技术指
导，苏州大学几百个博士后，基本上都是由张老师来负责管理，
工作的忙碌程度可想而知，而张老师耐心、细致，富有工作
热情，在工作之余还多次组织博士后开展学术交流与娱乐活
动，为紧张的博士后研究增添了靓丽的色彩。尽管我因地处
偏僻难以参加这些活动，但是那份寓管理于服务的温馨却让
我倍添温暖，异地求学虽然艰难，但也有了继续坚持进行博
士后研究的信心。

终于，在 2012 年 5 月，看到了中国博士后网站上贴出的
公示，我的选题获得了第 51 批中国博士后科学基金面上资助。
获得项目资助说明了我的选题获得了肯定，然而更为重要的
是踏踏实实地进行博士后项目研究。基于对导师和对自己的
承诺，并不敢稍有荒废，于是便不断地进行学习，撰写学术
论文参加各种学术论坛。然而，研究艰苦却是实实在在的。
日子在平凡的生活中，在不断地投稿与退稿，期待与彷徨，
希望与失落中流逝，到如今回忆起来，博士后生涯的那几年，
因事务的繁杂及自身资质的愚钝，并未能取得心中预期的成
果，也未能按照协议约定 2 年出站而不得不延期。然而想起
导师的期望，以及对我的指点，强调我要加强理论基础的修炼，
我又鼓起了继续前行的勇气，沿着这条学术之路，无怨无悔
地继续攀爬。为了获得出站的资格，我不断地撰写论文，疯
狂地投稿，功夫不负有心人，在准备博士后研究报告的同时，
我的博士后科研成果帮助我在出站之前先获得了教授职称，
并在 2015 年 10 月获准进行出站答辩，并顺利出站。

　　在出站的答辩会上,法学院的胡玉鸿教授、上官丕亮教授、李晓明教授、朱谦教授对于研究报告提出了很多建设性的完善意见,应该说,今天的这部书稿也蕴含着几位教授的智慧结晶。在获评教授职称之后,我的工作岗位不断变动,不变的是工作越来越忙,压力越来越大,对于书稿的修改往往只能挤出非常有限的碎片时间,同时也因为自身的学识实在有限,书中不免还存在着不少的问题没有得到修正,还有很多问题还需要进一步思考,我的学术研究一直在路上。

廖　原

2019 年 5 月